教材项目规划小组
Teaching Material Project Planning Group

严美华　姜明宝　王立峰

田小刚　崔邦焱　俞晓敏

赵国成　宋永波　郭　鹏

加拿大方咨询小组
Canadian Consulting Group

Dr. Robert Shanmu Chen

Mr. Zheng Zhining

University of British Columbia

Dr. Helen Wu

University of Toronto

Mr. Wang Renzhong

McGill University

中国国家汉办规划教材

NEW PRACTICAL CHINESE READER

(2nd Edition)

2

新实用汉语课本

刘珣 主编

综合练习册
WORKBOOK

英文注释
Annotated in English

编　者：张凯　刘社会　陈曦
　　　　左珊丹　施家炜　刘珣
英译审订：Jerry Schmidt　余心乐

（第2版）

北京语言大学出版社
BEIJING LANGUAGE AND CULTURE
UNIVERSITY PRESS

图书在版编目（CIP）数据

新实用汉语课本综合练习册：英文注释 . 2 ／ 刘珣主编 .
—2 版 . —北京：北京语言大学出版社，2010.11（2015.12 重印）
ISBN 978-7-5619-2893-6

Ⅰ . 新… Ⅱ . 刘… Ⅲ . 汉语—对外汉语教学—习题
Ⅳ . H195.4

中国版本图书馆 CIP 数据核字（2010）第 197745 号

书 名：	新实用汉语课本（第 2 版 英文注释）综合练习册 2
中文编辑：	王亚莉
英文编辑：	侯晓娟
责任印制：	汪学发

出版发行：**北京语言大学出版社**

社 址：北京市海淀区学院路 15 号　　邮政编码：100083
网 址：www. blcup. com
电 话：国内发行　8610-82303648/3650/3651
　　　　海外发行　8610-82300361/3080/3365
　　　　编辑部　8610-82303647/3592
　　　　读者服务部　8610-82303653
　　　　网上订购电话　8610-82303908
　　　　客户服务信箱　service@ blcup. com
印 刷：北京联兴盛业印刷股份有限公司
经 销：全国新华书店

版 次：2010 年 11 月第 2 版　2015 年 12 月第 8 次印刷
开 本：880 毫米×1194 毫米　1/16　印张：10.25
字 数：142 千字
书 号：ISBN 978-7-5619-2893-6/H·10277
　　　　03800

她去上海了
She has gone to Shanghai.

听说练习　Listening and Speaking Exercises

1 发音练习。
Pronunciation drills.

Read the following words and phrases aloud, paying special attention to the pronunciations of b, p, d, t, g and k.

b——西安的兵马俑　爸爸、妈妈和贝贝　北京语言学院　不好意思
　　不用谢　帮助留学生

p——排队　说普通话　是好朋友　苹果和葡萄　漂亮的礼物
　　一瓶红葡萄酒

d——看懂　得换钱　打电话　等弟弟　对不起　多少东西
　　生日蛋糕　当然去锻炼

t——我们和他们　本子太贵了　听说这件事儿　现在头疼
　　今天天气很好

g——高兴　工作　挂号　光盘　感冒　该哥哥了　工作人员
　　姑娘贵姓　刚才去公司

k——开学　发展得很快　喜欢咖啡　复习课文　恐怕不行　可能可以
　　去吃北京烤鸭

2 听问题，根据课文内容圈出正确的答案。
Listen to each question and circle the correct answer according to the texts.

① A. 林娜　　　　B. 王老师　　　　C. 力波　　　　D. 工作人员

② A. 买东西　　　B. 存钱　　　　　C. 参观　　　　D. 换钱

③ A. 上海　　　　B. 西安　　　　　C. 兵马俑　　　D. 王府井

④ A. 英镑   B. 美元   C. 欧元   D. 加元

⑤ A. 十一块五毛七分人民币   B. 五千多块人民币

     C. 五百块人民币   D. 七百八十五块人民币

3 听对话，并判断正误。

Listen to the following dialogue and decide whether the statements are true (T) or false (F).

① 这位小姐来晚了。   (   )

② 这位先生不高兴了。   (   )

③ 小姐不喜欢先生说她漂亮。   (   )

④ 他们要去旅行。   (   )

⑤ 小姐不想在西安和上海买东西。   (   )

⑥ 他们换了四千英镑。   (   )

4 听句子，并填空。

Listen and fill in the blanks.

① 现在银行人很_____。

② 林娜今天穿_____很漂亮。

③ 她刚_____西安回来。

④ 她在西安_____了兵马俑。

⑤ 你去上海_____没有？

5 听句子，写拼音。

Listen and write the sentences in *pinyin*.

① _____

② _____

③ _____

④ _____

⑤ _____

6 听词语，写汉字。

Listen and write the characters.

1 _____

2 _____

3 _____

4 _____

5 _____

7 角色扮演。

Role-play.

Listen to and imitate the dialogue together with your partner. Try to get the meaning of the dialogue with the help of your friends, teachers or dictionaries.

8 文化体验。

Experience culture.

你要去中国旅行，问问你的朋友怎么换钱，然后去银行换一些人民币。

9 阅读下列火车时刻表，和你的语伴做问答练习。

Read the following train schedule and ask and answer questions with your partner.

序号	车　次	列车类型	发车时间	到达时间	运行时间	硬座票价	硬卧票价（下）	距离
1	T31次（北京—杭州）	空调特快	15:39	06:26	14小时47分钟	194	353	1633公里
2	T35次（北京—上海）	空调特快	17:40	10:33	16小时53分钟	179	327	1463公里
3	D29次（北京南—上海）	动车组	07:47	18:52	11小时05分钟	449	538（软座）	1454公里
4	D385次（北京南—苏州）	动车组	21:31	06:56	9小时25分钟	423	507（软座）	1370公里

续表

序号	车次	列车类型	发车时间	到达时间	运行时间	硬座票价	硬卧票价（下）	距离
5	T15次（北京西—广州）	空调特快	11:00	07:35	20小时35分钟	253	458	2294公里
6	T97A次（北京西—广州东）	空调特快	13:08	10:10	21小时02分钟	253	458	2302公里
7	T41次（北京西—西安）	空调特快	16:43	05:22	12小时39分钟	150	274	1200公里
8	Z19次（北京西—西安）	空调直达	21:18	08:19	11小时01分钟	150	274	1200公里

读写练习 Reading and Writing Exercises

1 按正确的笔顺描汉字，并在后边的空格里写汉字。
Trace the characters following the correct stroke order. Then copy the characters in the blanks.

民	乛 コ 尸 巳 民	民	民	
币	一 丆 冂 币	币	币	
千	丿 二 千	千	千	
久	丿 ク 久	久	久	
奂	丿 ク 𠂊 㐱 奂 奂 奂	奂	奂	
丘	丿 亻 𠂉 斤 丘	丘	丘	
甬	乛 マ 乃 丙 甬 甬 甬	甬	甬	
亚	一 丅 卄 卝 亚 亚	亚	亚	
车	一 𠂆 车 车	车	车	

| 重 | 一 二 宀 亠 宀 审 审 重 重 重 | 重 | 重 | | | | | | |
| 尤 | 一 ナ 尤 尤 | 尤 | 尤 | | | | | | |

2 在空格里写汉字，注意汉字的部件。

Write the characters in the blanks, paying attention to the character components.

zǎo	日 + 十	早							
yín	钅 + 艮	银							
pái	扌 + 非	排							
duì	阝 + 人	队							
huàn	扌 + 奂	换							
bàng	钅 + 产 + 方	镑							
cóng	人 + 人	从							
cì	冫 + 欠	次							
guān	又 + 见	观							
bīng	丘 + 八	兵							
yǒng	亻 + 甬	俑							
xìn	亻 + 言	信							
yuán	口 + 贝	员							
fǔ	广 + 付	府							
ān	宀 + 女	安							
zhǎn	尸 + 共 + 𧘇	展							

pǔ	ⳍ ＋ 亚 ＋ 日	普							
tōng	甬 ＋ 辶	通							
qīng	车 ＋ 圣	轻							
liú	氵 ＋ 㐬	流							
lì	禾 ＋ 刂	利							
dǒng	忄 ＋ 艹 ＋ 重	懂							
jiù	京 ＋ 尤	就							

3 为下列词语标注拼音，并译成英文。

Mark *pinyin* for the following words and phrases and then translate them into English.

（1）旅行　银行

_____

_____

（2）写得很好　你得参加

_____

_____

（3）教汉语　张教授

_____

_____

（4）快乐　音乐

_____

_____

4 为下列每组词语标注拼音，并译成英文。猜一猜没学过的词语的意思，并通过朋友、老师或词典来确认。

Mark *pinyin* for the following groups of words and phrases and then translate them into English. Try to guess the meanings of the words and phrases you haven't learned and then confirm them with the help of your friends, teachers or dictionaries.

（1）中国　中文　中药　中餐

_____

_____

（2）西方　西药　西服　西餐

_____

_____

（3）英国　英语　英文　英镑

_____

_____

（4）美国　美元　中美（中国和美国）　英美（英国和美国）

_____

_____

（5）日本　日语　日文　日元

_____

_____

（6）外国　外语　外文　外币　外商（外国商人）

_____

_____

5 根据拼音填汉字。

Fill in the blanks with the correct characters according to *pinyin*.

　　林娜刚 cóng_____西安回到北京，这个星期六，她要去上海旅行。下课以后，她 jiù_____去银 háng_____换钱，丁力波也在那儿排队换钱。他问林娜去西安玩儿得怎么样。林娜告诉他，这次去西安玩儿 de_____很好，吃得也 hái_____可以。她参 guān_____了中国有名的兵马俑，买了不少明 xìn＿＿＿片。她还给爸爸买了生日礼物。丁力波问她："买了什么礼物？""四个兵马俑。"林娜说，"对不起，该我换钱了。你有时间，可以去我那儿看看，我 zài＿＿＿给你介绍介绍西安。"

6 猜字谜。＿＿＿＿＿
Character riddle.

前边一个人，后边一个人。

出门办事情，两人一起行。

（The key is a character.）

7 用动词填空。＿＿＿＿＿＿＿
Fill in each of the following blanks with a verb.

（1）他汉字＿＿＿＿＿得很漂亮。

（2）他们＿＿＿＿＿了上海，＿＿＿＿＿了浦东。

（3）你＿＿＿＿＿没＿＿＿＿＿明信片？

（4）今天100美元能＿＿＿＿＿多少人民币？

（5）林娜在西安＿＿＿＿＿得还可以，＿＿＿＿＿得不太好。

8 选择正确的答案。＿＿＿＿＿＿
Choose the correct answers.

（1）力波＿＿＿＿＿加拿大回来了。

　　　A. 昨天　　B. 已经　　C. 从　　D. 没

（2）你们在那儿玩儿＿＿＿＿＿好吗？

　　　A. 的　　　B. 旅行　　C. 住　　D. 得

（3）上海的年轻人英语说得＿＿＿＿＿很流利。

　　　A. 不　　　B. 也　　　C. 可能　　D. 不太

（4）您换100美元，＿＿＿＿＿您675块人民币。

　　　A. 跟　　　B. 该　　　C. 给　　　D. 送

（5）我＿＿＿＿＿参观兵马俑，我去华山了。

　　　A. 没有　　B. 不　　　C. 想　　　D. 还要

9 连接Ⅰ和Ⅱ两部分的词语，组成句子。

Make sentences by matching the words and phrases of Column Ⅰ with those of Column Ⅱ. Draw a line to connect each pair.

Ⅰ

他在教室里

我想去西安和上海

你今天穿得

大为，现在

"阿拉勿懂"就是

Ⅱ

旅行。

"我不懂"。

该你了。

写汉字。

真漂亮。

10 用所给词语组成句子。

Make sentences with the words and phrases given.

For example：说　好　他　得　汉语　很 →他汉语说得很好。

（1）都　他　每天　早　得　来　很

　　→ _____

（2）我　换　银行　去　上午　钱

　　→ _____

（3）西安　吧　介绍介绍　我　你　给

　　→ _____

（4）快不快　她　得　学　汉语

　　→ _____

（5）王老师　上海　了　去

　　→ _____

11 用所给词语造句。

Make sentences with the words and phrases given.

（1）来　得　早

　　_____

（2）说　得　流利

　　_____

（3）玩儿　得　好

_____

（4）发展　得　不太快

_____

（5）写汉字　得　还可以

_____

12 把下列句子改写为带"了②"的句子。

Change the following sentences into the ones with the particle "了②".

For example：林娜去西安。→林娜去西安了。

（1）他去他哥哥那儿。→ _____

（2）昨天她参加聚会。→ _____

（3）我去银行换钱。→ _____

（4）上午王云打扫宿舍。→ _____

（5）你学上海话吗？→ _____

13 用上括号里的词语，把下列句子译成中文。

Translate the following sentences into Chinese, using the words and phrases given in the parentheses.

（1）Can you introduce the city of Xi'an to me？ （介绍）

_____

（2）Look at the character. Did I write it correctly？ （得，看）

_____

（3）Did you buy a Chinese postcard？ （了）

_____

（4）Does Shanghai enjoy a rapid development？ （得，V/A-not-V/A question）

_____

（5）The teacher teaches grammar too slowly.（得，太）

_____

14 判断下列句子的语法是否正确。

Decide whether the following sentences are grammatically correct (✓) or wrong (✗).

（1）看，该你。　　　　　　　　　　　　（　　）

（2）我去张老师参加聚会了。　　　　　　（　　）

（3）明天力波要跟林娜一起去商场。　　　（　　）

（4）那儿的人普通话说很流利。　　　　　（　　）

（5）对不起，我今天来得太晚了。　　　　（　　）

15 根据本课"阅读与复述"中的短文内容判断正误。

Decide whether the following statements are true (T) or false (F) according to the text in "Reading Comprehension and Paraphrasing" of this lesson.

（1）张教授在英国工作。　　　　　　　　　　　　（　　）

（2）上海人做的衣服很有名。　　　　　　　　　　（　　）

（3）学生请张教授去吃上海菜。　　　　　　　　　（　　）

（4）张教授是语言学院的老师，他学上海话学得很快。（　　）

（5）张教授的儿子在中国银行工作。　　　　　　　（　　）

16 回答问题。

Answer the following questions.

（1）你喜欢旅行吗？

（2）你去了哪些国家（或城市）？

（3）你喜欢哪个国家（或城市）？为什么？

（4）你们老师汉语课教得快不快？你学得怎么样？

（5）你还会说什么语言？

17 读短文，并回答问题。
Read the passage and answer the questions.

明信片上的风景（fēngjǐng, scenery）

　　很多人都喜欢明信片，明信片很漂亮，也不太贵，寄给爸爸妈妈和朋友们都非常好。喜欢旅行的人当然也喜欢买明信片。明信片上常常有很多风景，那些风景都很有名，也非常漂亮。旅行的时候，大家都排队买明信片。我每次旅行，也都愿意买很多明信片，寄给那些好久不见的朋友。这次我买了很多兵马俑的明信片，也买了上海的风景明信片。朋友们看了明信片上那些漂亮的风景，都非常高兴。

问题　Questions

（1）为什么很多人都喜欢明信片？

（2）喜欢旅行的人也喜欢买明信片吗？

（3）旅行的时候，为什么大家都排队买明信片？

（4）每次旅行，"我"买不买明信片？为什么要买很多？

（5）你喜欢不喜欢买明信片？在哪儿买？买什么样的？

18 根据本课课文（二）完成林娜的日记。
Complete Lin Na's diary according to Text Ⅱ of this lesson.

5月2日　　星期六

　　昨天晚上到上海。今天上午我去参观上海的商场。上海的东西不太贵。这儿的衣服做得很漂亮，我买了很多件。那件大的衣服是给妈妈的礼物。这儿的工作人员都说上海话……

19 模仿例子，用中文写明信片。

Write a postcard in Chinese following the example.

Example：a postcard written by Lin Na

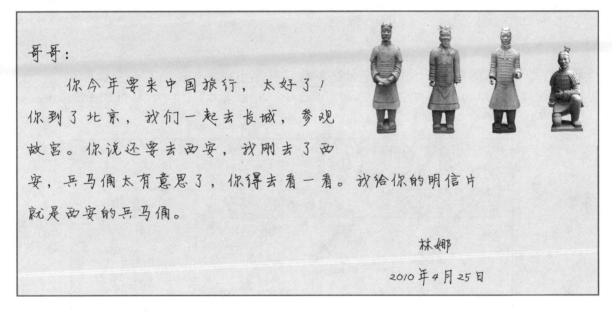

20 用下列词语来描述一次旅行的经历（至少用8个）。

Use at least 8 words and phrases from the following list to describe one of your traveling experiences.

喜欢　旅行　去　玩儿　参观　给……介绍　排队　明信片　漂亮
贵　便宜　懂　钱　人民币　礼物　买

21 阅读下列官方材料，说出这是什么材料，并指出材料中的有用信息。

Read the authentic material. Can you tell what it is? Can you figure out any useful information?

外汇牌价 人民币/100 外币价	2010年8月16日	
货币名称	现汇买入价	卖出价
英镑	1055.31	1063.79
欧元	865.51	872.47
美元	678.84	681.56
港币	87.32	87.66
澳门元	84.83	85.15
日元	7.8901	7.9534
加拿大元	649.8	655.02
澳大利亚元	602.25	607.08
瑞士法郎	644.73	649.91
新加坡元	496.21	500.2
瑞典克朗	90.83	91.56
丹麦克朗	116.18	117.11
挪威克朗	109.12	110

我把这事儿忘了

I forgot it.

 听说练习 Listening and Speaking Exercises

1 发音练习。

Pronunciation drills.

Read the following words and phrases aloud, paying special attention to the pronunciations of j, q and x.

j——交表　办借书证　今天就可以借书　加拿大的记者　介绍姐姐
　　寄九斤东西

q——每天七点十分起床　几千块钱人民币　请问去宿舍怎么走
　　全身都非常不舒服

x——喜欢香蕉苹果　小姐和先生　下午先写信　下星期五休息
　　填姓名和性别　新实用汉语课本

2 听问题，根据课文内容圈出正确的答案。

2
2~7

Listen to each question and circle the correct answer according to the texts.

① A. 好，我们上去吧　　　　　B. 好，我们上楼去吧

　 C. 好，我们下去吧　　　　　D. 好，我们下楼去吧

② A. 我带来了　　B. 我进来了　　C. 我送来了　　D. 我回来了

③ A. 把钱换了　　B. 把本子带来了　C. 把书借了　　D. 把练习做了

④ A. 办了十五分钟　　　　　　B. 他们办得很快

　 C. 要办十五分钟　　　　　　D. 今天办证的人不多

⑤ A. 两个月　　B. 一个月　　C. 两个星期　　D. 一个星期

3　听对话，并判断正误。

Listen to the following dialogue and decide whether the statements are true (T) or false (F).

① 那位先生想在银行换钱。　　　　　　（　　）

② 那位小姐是个大学生。　　　　　　　（　　）

③ 小姐在中国上大学。　　　　　　　　（　　）

④ 外国人换钱得要护照。　　　　　　　（　　）

⑤ 今天银行人很少。　　　　　　　　　（　　）

⑥ 旅行的人都要填一张表。　　　　　　（　　）

4　听句子，并填空。

Listen and fill in the blanks.

① 一会儿那位先生就_____你钱了。

② 快点儿_____表填了。

③ 学生证办_____很慢。

④ 我等一等他，你们先上楼_____吧。

⑤ 真对不起，我把这事儿_____了。

⑥ 我明天回英国，今天_____把从图书馆借的书还了。

⑦ 你带语法书_____了吗?

⑧ 你朋友_____上海回来了没有?

5　听句子，写拼音。

Listen and write the sentences in pinyin.

① _____

② _____

③ _____

④ _____

⑤ _____

⑥ _____

7 _____

8 _____

6 听句子，写汉字。
Listen and write the characters.

1 _____

2 _____

3 _____

4 _____

5 _____

6 _____

7 _____

8 _____

7 角色扮演。
Role-play.

Listen to and imitate the dialogue together with your partner. Try to get the meaning of the dialogue with the help of your friends, teachers or dictionaries.

8 文化体验。
Experience culture.

① 给你们学院的中国学生介绍一下在你们大学怎么办借书证。

② 到一家商店办一张会员卡（huìyuánkǎ, membership card）。你应该带什么去？应该怎么办会员卡？

9 看下面的借阅卡，和你的语伴做问答练习。

Read the following library card and ask and answer questions with your partner.

北京语言学院图书馆

借　阅　卡

照　片

姓名：张为民

系别：中文系

年级：2010级

办证日期：2010年9月16日

有 效 期：4年

学　　号：109023

A0804

限借10册　借期40天

① 这是什么图书馆的借阅卡？

② 这是一个老师的借阅卡还是一个学生的？

③ 这个人叫什么名字？他/她可能是男的还是女的？

④ 他/她是什么专业的学生？

⑤ 这个图书馆的书可以借多长时间？

 读写练习 Reading and Writing Exercises

1 按正确的笔顺描汉字，并在后面的空格里写汉字。

Trace the characters following the correct stroke order. Then copy the characters in the blanks.

表	一 二 キ 丰 韦 表 表 表	表	表					
卅	丿 丿丨 川 卅	卅	卅					
官	丶 丷 宀 宀 宁 官 官 官	官	官					
正	一 丁 下 正 正	正	正					
式	一 二 三 丁 式 式	式	式					

2 在空格里写汉字，注意汉字的部件。

Write the characters in the blanks, paying attention to the character components.

bǎ	扌 + 巴	把								
wàng	亡 + 心	忘								
tú	囗 + 冬	图								
guǎn	饣 + 官	馆								
shì	宀 + 至	室								
jiè	亻 + 土 + 日	借								
zhèng	讠 + 正	证								
tián	扌 + 真	填								
dài	卅 + 冖 + 巾	带								
màn	忄 + 日 + 四 + 又	慢								
huó	氵 + 舌	活								
xìng	忄 + 生	性								
bié	口 + 力 + 刂	别								
zhí	耳 + 只	职								
jiāo	亠 + 父	交								
kǎo	耂 + 丂	考								
shì	讠 + 式	试								
cuò	钅 + 昔	错								

fān	采 + 田 + 习 + 习	翻							
yì	讠 + 又 + 丰	译							
xīn	立 + 木 + 斤	新							
fá	四 + 讠 + 刂	罚							
kuǎn	士 + 示 + 欠	款							
nǎo	月 + 亠 + 凶	脑							
chá	木 + 日 + 一	查							
shí	宀 + 头	实							

3 根据拼音写汉字，并把词语译成英文。

Write Chinese characters according to *pinyin* and then translate the words and phrases into English.

（1）xìng_____名　　　_____

　　　xìng_____别　　　_____

（2）蛋 gāo_____　　　_____

　　　gāo_____兴　　　_____

（3）kuài_____乐　　　_____

　　　两 kuài_____　　　_____

（4）办 gōng_____　　　_____

　　　gōng_____作　　　_____

（5）zì_____己　　　_____

　　　写 zì_____　　　_____

4 为下列每组词语标注拼音，并译成英文。猜一猜没学过的词语的意思，并通过朋友、老师或词典来确认。

Mark *pinyin* for the following groups of words and phrases and then translate them into English. Try to guess the meanings of the words and phrases you haven't learned and then confirm them with the help of your friends, teachers or dictionaries.

（1）借书证　学生证　工作证

_____

_____

（2）电脑　电话　电影

_____

_____

（3）办公室　休息室　学习室

_____

_____

（4）图书馆　美术馆　游泳馆

_____

_____

（5）课本　汉语课本　实用汉语课本　新实用汉语课本

_____

_____

5 根据拼音写汉字，或为汉字标注拼音。

Write characters according to *pinyin* and vice versa.

（1）jìnlai _____

（2）chūqu _____

（3）jièshūzhèng _____

（4）túshūguǎn _____

（5）办公室 _____

（6）交罚款 _____

（7）自己的性别 _____

（8）还书 _____

6　选择正确的答案。
Choose the correct anwers.

（1）你把工作证_____来了吗？

A. 常　　　　　B. 带　　　　　C. 帮

（2）我们先去把借书证_____了，再去借书。

A. 为　　　　　B. 力　　　　　C. 办

（3）你自_____把这张表填好。

A. 已　　　　　B. 己　　　　　C. 巳

（4）他到休息_____去了。

A. 室　　　　　B. 试　　　　　C. 是

7　根据拼音填汉字。
Fill in the blanks with the correct characters according to *pinyin*.

丁力波跟宋华一起去北京图书馆 jiè_____书。丁力波没有借书证。他得先办借书 zhèng_____。图书馆工作人员给了他一张 biǎo_____，要他 tián_____。丁力波想请宋华帮他填。宋华要他自己填。丁力波不知道 xìng_____别和 zhí_____业应该怎么填，宋华告诉他，性别填"男"，职业填"学生"。丁力波把表和照片给了工作人员，那位工作人员看了看丁力波填的表，说丁力波的汉字写得 zhēn_____漂亮。丁力波说："哪里，哪里！我写得很 màn_____。"

8　猜字谜。
Character riddle.

（1）左边写一个月，

右边写一个月。

他写字写得慢，

一字写成两个月。

（ The key is a character. ）

（2）一人一口，

只用手。

（ The key is a character. ）

Key to Exercise 6 in Lesson 15：从

9 用"来"或"去"填空。

Fill in the blanks with "来" or "去".

（1）谁啊，进_____。

（2）我们上课的时候，老师出_____了。

（3）我的一个朋友从加拿大给我打电话说："你们到加拿大_____吧！"

（4）那儿没有门，我们从这儿出_____吧。

（5）力波从上海回_____了没有？

（6）我姐姐下个星期要到英国_____。

（7）你要到图书馆办借书证，得带照片_____。

（8）你们等一等，一会儿他就从五楼下_____。

10 选择正确的答案。

Choose the correct answers.

（1）今天我们学习语法，你们_____语法书来了吗？

　　　A.学　　　B.带　　　C.买　　　D.填

（2）您的书过期了，您得_____罚款。

　　　A.交　　　B.送　　　C.取　　　D.办

（3）认识您很高兴，有时间来我家_____。

　　　A.住住　　B.找找　　C.查查　　D.坐坐

（4）我_____那本书的名字忘了。

　　　A.给　　　B.想　　　C.把　　　D.跟

11 连接 I 和 II 两部分的词语，组成句子。

Make sentences by matching the words and phrases of Column I with those of Column II. Draw a line to connect each pair.

I
快进来，
这张表
刘老师说
他们在银行等了一个小时，
今天是她的生日吗？

II
把钱换了。
今天下午得把练习做了。
外面太冷！
我把这事儿忘了。
你应该自己填。

12 用所给词语组成句子。
Make sentences with the words and phrases given.

（1）下楼 得 我们 那儿 从 去

→ _____

（2）交 练习 他 昨天 了 把

→ _____

（3）了 明信片 妈妈 我 去 给 寄

→ _____

（4）林娜 力波 换 银行 去 一起 跟 钱

→ _____

（5）那儿 半 等 我 个 在 了 小时

→ _____

13 用所给词语造句。
Make sentences with the words and phrases given.

（1）进 办公室 来

_____

（2）回 宿舍 去

_____

（3）到 北京图书馆 去

_____

（4）上 茶楼 来

_____

（5）到 我妹妹家 去

_____

14 把下列句子改写成"把"字句。
Change the following sentences into the ones with "把".

（1）你们应该先办借书证。

　　→ _____

（2）我忘了她的生日。

　　→ _____

（3）今天他洗了衣服。

　　→ _____

（4）小林去银行换钱了。

　　→ _____

（5）小姐，请您先还上次借的书。

　　→ _____

（6）喝了茶，吃了东西，看了报，新的一天开始了。

　　→ _____

（7）你填表了吗？

　　→ _____

15 把下列句子译成英文。
Translate the following sentences into English.

（1）请把您的护照给我。

　　_____

（2）你带没带借书证来？

　　_____

（3）力波学汉语学了半年，他学得还可以。

　　_____

（4）她翻译没有考三个小时，她考了两个半小时。

　　_____

（5）你把表填了，就可以出去了。

　　_____

16 判断下列句子的语法是否正确。

Decide whether the following sentences are grammatically correct (✓) or wrong (×).

（1）我已经写了一点小时。　　　　　　　　（　　　）

（2）一会儿那个老师就学生证给你。　　　　（　　　）

（3）三楼到了，是那个办公室，我们进来吧。（　　　）

（4）我借的书没有过期。　　　　　　　　　（　　　）

（5）你们的书可以借两个月吗？　　　　　　（　　　）

17 根据本课"阅读与复述"中的短文内容判断正误。

Decide whether the following statements are true (T) or false (F) according to the text in "Reading Comprehension and Paraphrasing" of this lesson.

（1）广东的老人都起得很晚。　　　　　　　（　　　）

（2）茶楼里的老人很多。　　　　　　　　　（　　　）

（3）茶楼也是锻炼身体的地方。　　　　　　（　　　）

（4）王先生每天都带报纸去茶楼。　　　　　（　　　）

（5）孩子们不喜欢去茶楼。　　　　　　　　（　　　）

（6）年轻人不喝茶，也不看报，只喜欢在一起玩儿。（　　　）

（7）广东人喝茶，喝的是茶楼里的热闹。　　（　　　）

（8）广东人喜欢从茶楼开始的生活。　　　　（　　　）

18 回答下列问题。

Answer the following questions.

（1）你喜欢喝茶吗？喜欢喝什么茶？

（2）如果（rúguǒ, if）你不喜欢喝茶，你喜欢喝什么？

（3）你喜欢去哪个茶楼、酒吧（jiǔbā, bar）或咖啡馆？给大家介绍一下。

19 用下列词语来描述一次付罚款的经历（至少用8个）。

Use at least 8 words and phrases from the following list to describe one of your experiences of paying fines.

到……去　喜欢　想　参观　一会儿　打电话　借　租　有名　漂亮

打工　可能　愿意　帮助　晚　慢　过期　罚款　交　了

这件旗袍比那件漂亮

This cheongsam is more beautiful than that one.

听说练习 Listening and Speaking Exercises

1 发音练习。
Pronunciation drills.

Read the following words and phrases aloud, paying special attention to the pronunciations of z, c and s.

z——再见　昨天走得很早　他自己在家　衣服很脏　租房子怎么样
坐公共汽车　做练习

c——三层的餐厅　参观兵马俑　从厕所出来　这次休息得还可以
参加聚会

s——常常散步　嗓子很好　宋华的宿舍　司机的孙女儿六岁
送一件丝绸的衬衫

2~7

2 听问题，根据课文内容圈出正确的答案。
Listen to each question and circle the correct answer according to the texts.

1. A. 二十年　　　　B. 半年　　　　C. 一年半　　　D. 两年

2. A. 中式衣服　　　B. 西服　　　　C. 旗袍　　　　D. 红色的衣服

3. A. 他要去中国。　　　　　　　B. 他要回加拿大。
   C. 他要送小云礼物。　　　　　D. 他要开始学太极拳。

4. A. 很贵的　　　　　　　　　　B. 很便宜的
   C. 不太贵也不太便宜的　　　　D. 都可以

5. A. 大商场　　　　B. 小商场　　　C. 公园　　　　D. 王府井

3 听对话，并回答问题。
Listen to the following dialogue and answer the questions.

① 女士在做什么？

② 男士是跟她一起来买鞋的吗？

③ 她想买什么样的鞋？

④ 她试了几双鞋？

⑤ 她买鞋了吗？那双鞋多少钱？

4 听句子，并填空。
Listen and fill in the blanks.

① 昨天_____今天冷一点儿。

② 张先生比我们知道_____多。

③ 上海的大商场多_____。

④ 我喜欢红色的旗袍，她喜欢_____。

⑤ 那件衣服180元，这件99元，这件比那件_____。

⑥ 你喜欢喝什么，茶_____咖啡？

⑦ _____明年开始我_____学习音乐。

⑧ 这儿的光盘非常多，你们可以_____多_____。

5 听句子，写拼音。
Listen and write the sentences in pinyin.

① _____

② _____

③ _____

④ _____

5 _____

6 听句子，写汉字。
Listen and write the characters.

1 _____

2 _____

3 _____

4 _____

5 _____

7 角色扮演。
Role-play.

Listen to and imitate the dialogue together with your partner. Try to get the meaning of the dialogue with the help of your friends, teachers or dictionaries.

8 文化体验。
Experience culture.

① 告诉你的朋友你喜欢什么颜色，并说说为什么。

② 去唐人街（Tángrénjiē, Chinatown）的中国商店买你喜欢的东西，要买又便宜又好的。

9 阅读下列广告，并和你的语伴一起讨论商品的价格。然后与其他商场的同类产品比较一下。
Read the following advertisements and discuss the prices of the goods with your partner. Then compare them with those in another shopping mall.

长城精品一星干红葡萄酒
750ml　82.00元/瓶

高露洁草本牙膏
90g　3.50元/盒

心相印抽取纸巾
15.50元/3个

夏士莲洗发水（黑亮去屑）　　　　仙居三黄鸡礼盒　　　　　北京烤鸭（御食园）
200ml　41.5元/3瓶　　　　　　　120元/盒　　　　　　　　1200g　58.00元/袋

读写练习　Reading and Writing Exercises

1　按正确的笔顺描汉字，并在后边的空格里写汉字。
Trace the characters following the correct stroke order. Then copy the characters in the blanks.

比	一 ┘ ┘ 比	比	比					
巳	ㄱ コ 巳	巳	巳					
及	丿 乃 及	及	及					
产	丶 亠 六 立 产	产	产					
黑	丨 冂 冂 冂 四 甲 甲 里 罜 黑 黑 黑	黑	黑					
丝	乚 乡 纟 纠 丝	丝	丝					

2　在空格里写汉字，注意汉字的部件。
Write the characters in the blanks, paying attention to the character components.

qí	方 ＋ 𠂊 ＋ 其	旗						
páo	衤 ＋ 包	袍						
mài	十 ＋ 买	卖						
diàn	广 ＋ 占	店						

jí	木 + 及	极								
dìng	宀 + 疋	定								
shǐ	女 + 厶 + 口	始								
quán	龹 + 手	拳								
tào	大 + 镸	套								
shuài	刂 + 巾	帅								
yán	产 + 彡 + 页	颜								
sè	夕 + 巴	色								
pián	亻 + 更	便								
yí	宀 + 且	宜								
guān	丷 + 天	关								
yuán	囗 + 元	园								
chèn	衤 + 寸	衬								
shān	衤 + 彡	衫								
lǜ	纟 + 录	绿								
shòu	隹 + 口	售								
huò	化 + 贝	货								
shì	舌 + 辶	适								
duǎn	矢 + 豆	短								

má	广 + 林	麻							
fán	火 + 页	烦							
chóu	纟 + 周	绸							

3 为下列词语标注拼音，并译成英文。猜一猜没学过的词语的意思，并通过朋友、老师或词典来确认。

Mark *pinyin* for the following words and phrases and translate them into English. Try to guess the meanings of the words and phrases you haven't learned and then confirm them with the help of your friends, teachers or dictionaries.

（1）大——小 → 大小

_____

_____

（2）多——少 → 多少

_____

_____

（3）长——短 → 长短

_____

_____

（4）快——慢 → 快慢

_____

_____

（5）早——晚 → 早晚

_____

_____

（6）黑——白 → 黑白

_____

_____

（7）买——卖 → 买卖

_____

_____

（8）开——关 → 开关

_____

_____

4 为下列每组词语标注拼音，并译成英文。猜一猜没学过的词语的意思，并通过朋友、老师或词典来确认。
Mark *pinyin* for the following groups of words and phrases and then translate them into English. Try to guess the meanings of the words and phrases you haven't learned and then confirm them with the help of your friends, teachers or dictionaries.

（1）店——商店　饭店　书店　水果店

_____

_____

（2）员——职员　售货员　售票员　办事员

_____

_____

（3）式——中式　西式　样式　新式　老式

_____

_____

（4）色——颜色　黑色　白色　绿色　红色　咖啡色

_____

_____

（5）公——公司　公园　公分　公共

_____

_____

5 根据拼音写汉字，或为汉字标注拼音。
Write characters according to *pinyin* and vice versa.

（1）kāishǐ_____　　　　　（2）xiǎoshí_____

（3）máfan＿＿＿＿＿＿＿＿＿＿＿ （6）商店＿＿＿＿＿＿＿＿＿＿＿

（4）shòuhuòyuán＿＿＿＿＿＿＿ （7）没关系＿＿＿＿＿＿＿＿＿

（5）旗袍＿＿＿＿＿＿＿＿＿＿＿ （8）太极拳＿＿＿＿＿＿＿＿＿

6 根据拼音填汉字。

Fill in the blanks with the correct characters according to *pinyin*.

　　丁力波去王府井百货大楼买了一套中 shì＿＿＿＿＿衣服，是白色丝绸的。他觉得中式衣服比西服便 yi＿＿＿＿＿。他穿中式衣服去 dǎ＿＿＿＿＿太 jí＿＿＿＿拳，大家都说："丁力波真是一个shuài＿＿＿＿哥。"马大为也想去买一套。他比丁力波高，试了试商 diàn＿＿＿＿卖的中式衣服，长短都不太合适。售 huò＿＿＿＿员问他喜欢什么颜色的衣服，马大为说，他喜欢 hēi＿＿＿＿色的。可是，现在没有合适的大号衣服。售货员告诉他，没关系，他可以定做（dìngzuò, to have sth. made to measure）一套。定做比买贵一点儿，一个星期就可以做好。马大为想了想，他就定做了一套黑色丝绸的中式衣服。

7 在汉字"口"的每一边加上一个部件，组成学过的汉字。

Add a character component to each side of the character "口" to form the characters you learned.

（Key to Exercise 8 in Lesson 16：朋，拿）

8 用"比"、"得多"、"多了"、"一点儿"或"极了"填空。

Fill in the blanks with "比"，"得多"，"多了"，"一点儿" or "极了".

（1）哥哥＿＿＿＿＿＿弟弟高。

（2）他常常＿＿＿＿＿＿妹妹知道＿＿＿＿＿＿。

（3）这件49块，那件50块，这件比那件便宜_____。

（4）这个小商店的东西不_____大商场的东西差。

（5）中文系的学生_____外语系的多_____。

（6）爸爸比小明高_____，也胖_____。

（7）中国的上海这几年发展得快_____。

9 选择正确的答案。_____
Choose the correct answers.

（1）那件红的太大，那件黑的有点儿小，这件白的很_____。

    A. 不大　　　　B. 合适　　　　C. 不小　　　　D. 颜色好

（2）那个中国留学生来这儿_____时间了？

    A. 很多　　　　B. 多少　　　　C. 多长　　　　D. 多久

（3）这个商场的售货员比那个商场_____多。

    A. 得　　　　B. 得多　　　　C. 很　　　　D. 的

（4）汉语词典48元，英语词典28元，汉语词典比英语词典_____20元。

    A. 得多　　　　B. 贵　　　　C. 少　　　　D. 便宜

10 连接 I 和 II 两部分的词语，组成句子。
Make sentences by matching the words and phrases of Column I with those of Column II. Draw a line to connect each pair.

I	II
这件不太合适，	我的脏衣服比妹妹的多得多。
上海人普通话	头发有点儿白。
李教授已经五十多了，	比布的贵多了。
我没有时间洗衣服，	说得比广东人流利。
她穿的衬衫是丝绸的，	再试试那件吧。

11 用所给词语组成句子。
Make sentences with the words and phrases given.

（1）了　极　这　衬衫　丝绸　漂亮　件

→ _____

（2）图书馆　了　小时　已经　去　他　个　三

→ _____

（3）公分　五　红的　白的　那件　这件　长　比

→ _____

（4）她　得　法语　我　流利　比　说

→ _____

（5）相声　写　王　短　六　很　先生　了　今年　个　的

→ _____

12 用所给词语造句。
Make sentences with the words and phrases given.

（1）照片　比　新

_____

（2）书　比　贵

_____

（3）老师　比　高

_____

（4）图书馆　比　大

_____

（5）姐姐的衣服　比　漂亮

_____

13 把下列句子改写成"比"字句。
Change the following sentences into the ones with "比".

（1）中式衣服一件180元，西装一套680元。

→ _____

（2）力波学了五年法语，学了半年汉语。

　　　　→＿＿＿＿＿＿＿＿＿＿＿＿＿＿＿＿＿＿＿

（3）中国学生有4000人，外国学生有6000人。

　　　　→＿＿＿＿＿＿＿＿＿＿＿＿＿＿＿＿＿＿＿

（4）哥哥176公分，弟弟179公分。

　　　　→＿＿＿＿＿＿＿＿＿＿＿＿＿＿＿＿＿＿＿

（5）小云的表现在11点5分，马大为的表11点2分。

　　　　→＿＿＿＿＿＿＿＿＿＿＿＿＿＿＿＿＿＿＿

14 把下列句子译成英文。
Translate the following sentences into English.

（1）他的电脑的样子比我的好，也比我的贵。

＿＿＿＿＿＿＿＿＿＿＿＿＿＿＿＿＿＿＿＿＿＿＿＿＿＿

（2）这件衣服的颜色不比那件好，但比那件贵。

＿＿＿＿＿＿＿＿＿＿＿＿＿＿＿＿＿＿＿＿＿＿＿＿＿＿

（3）我们系比他们系少75个学生。

＿＿＿＿＿＿＿＿＿＿＿＿＿＿＿＿＿＿＿＿＿＿＿＿＿＿

（4）你去问问那位小姐吧，她应该知道得比我多。

＿＿＿＿＿＿＿＿＿＿＿＿＿＿＿＿＿＿＿＿＿＿＿＿＿＿

（5）李力的爸爸来北京已经二十多年了，比李力的妈妈来得早多了。

＿＿＿＿＿＿＿＿＿＿＿＿＿＿＿＿＿＿＿＿＿＿＿＿＿＿

15 判断下列句子的语法是否正确。
Decide whether the following sentences are grammatically correct (✓) or wrong (✗).

（1）她比她朋友喜欢极了中国音乐。　　　　（　　　）

（2）这个商店比那个商店衣服做得好。　　　（　　　）

（3）这台电脑比他的非常新。　　　　　　　（　　　）

（4）这所大学比那所大学多一千名学生。　　（　　　）

（5）衬衫有白的，有黑的，他买了白，我买了黑。（　　　）

（6）我的表三点，你的表怎么已经五点了？　　　　　（　　）

（7）你做练习有问题，可以来问问我。　　　　　　　（　　）

（8）小地方的东西不差比大地方的。　　　　　　　　（　　）

16　根据本课"阅读与复述"中的短文内容回答问题。

Answer the following questions according to the passage in "Reading Comprehension and Paraphrasing" of this lesson.

（1）谁是王先生？A还是B？

（2）他们两个人谁今年写相声了？

（3）谁写的相声多？多多少？

（4）谁翻译了一本书？

（5）B翻译的书比A翻译的少多少页？

（6）谁穿的衬衫不是丝绸的？

（7）谁年龄大一点儿，个子也高一点儿？

（8）谁喜欢说"不客气"？你觉得谁谦虚（qiānxū, modest）点儿？

17　回答下列问题。

Answer the following questions.

（1）你们班谁大？他/她比你大几岁？

（2）你们班谁高？他/她比你高多少公分？

（3）你们班谁穿的鞋大？他/她穿的是多少号的？

18 读短文，并回答问题。
Read the passage and answer the questions.

张民买电视（diànshì, TV set）

　　张民是个老农民（nóngmín, farmer），今天他要进城去买一台（tái, a measure word for electrical equipments）新电视。张民到了城里，城里人多极了，商场也很多，一个比一个大。他先进了一个商场，这个商场的电视不太漂亮，也不太贵；他又进了另（lìng, another）一个商场，这个商场的电视比那个商场的电视漂亮多了，可是也贵多了；他又去了一个专卖店（zhuānmàidiàn, exclusive shop），这个专卖店的电视不比第一个商场的电视多，可是比那个商场的电视贵得多。张民看了一个下午，又回到第一个商场去，在那儿买了一台不太贵的电视。

问题 Questions

（1）张民是做什么的？

（2）他今天为什么要进城？

（3）城里的人多吗？商场多吗？

（4）他进了几个商场和专卖店？那儿的电视都贵吗？

（5）他买了电视了吗？在哪儿买的？是一台什么样儿的电视？

19 用学过的汉字和下列词语写一篇题目为"我的朋友"的短文（不少于100字）。

Use the characters you learned and the following words or phrases to write a short paragraph under the subject of "my friend" (more than 100 characters).

比我大、不比我高、说得比我流利、考试比我好、写得比他快、中式衣服、黑色、觉得、帅

我的朋友

20 用下列词语来描述一次购物的经历（至少用8个）。

Use at least 8 words and phrases from the following list to describe a shopping experience.

商场　极了　车　颜色　比　贵　便宜　多了　已经　大　长　公分

元　新　旧　听说　一点儿　打折　不是　就是　合适　高兴

我听懂了，可是记错了

I understood what I was told, but remembered it wrongly.

听说练习 Listening and Speaking Exercises

1 发音练习。
Pronunciation drills.

Read the following words and phrases aloud, paying special attention to the pronunciations of zh, ch, sh and r.

zh——祝贺　职业　住院　汽车站　中式衣服　张教授找工作
　　　这张照片真漂亮　中文专业

ch——查词典　坐公共汽车的乘客　常常在厨房吃饭　穿长衬衫

sh——售货员　多少　试试旗袍　数一数　上海的商场　上午要上课
　　　谁的身体不舒服　圣诞是他的生日　没有时间看生词

r ——找您十块人民币　让日本人来上日本文学课　认识两位美国人
　　　汉语容易不容易

2 听问题，根据课文内容圈出正确的答案。
Listen to each question and circle the correct answer according to the texts.

2~7

① A. 寄信　　　　B. 寄包裹　　　C. 取钱　　　D. 买大词典

② A. 五本　　　　B. 两本　　　　C. 三本　　　D. 四本

③ A. 中国　　　　B. 英国　　　　C. 美国　　　D. 加拿大

④ A. 航空比海运贵　　　　　　B. 航空比海运快得多

　 C. 海运得去海关取　　　　　D. 海运不能寄包裹

⑤ A. 西直门　　　B. 东直门　　　C. 建国门　　　D. 前门

3 听对话，并回答问题。
Listen to the following dialogue and answer the questions.

1 他们在哪儿？

2 男士来邮局做什么？

3 他一共买了多少张5块的邮票？

4 他给了工作人员多少钱？工作人员找了他多少钱？

5 他把包裹通知单带去了吗？

6 他把什么忘了？

4 听句子，并填空。
Listen and fill in the blanks.

1 那个上海人说的话你都听＿＿＿＿了吗？

2 你明天去办借书证，别忘了把照片带＿＿＿＿。

3 我们学校＿＿＿＿那位有名的教授请＿＿＿＿了。

4 那个包裹不能寄，它＿＿＿＿包＿＿＿＿。

5 这是375路公共汽车，您＿＿＿＿坐＿＿＿＿。

5 听句子，写拼音。
Listen and write the sentences in *pinyin*.

1 ＿＿＿＿＿＿＿＿＿＿＿＿＿＿＿＿＿＿＿

2 ＿＿＿＿＿＿＿＿＿＿＿＿＿＿＿＿＿＿＿

3 ＿＿＿＿＿＿＿＿＿＿＿＿＿＿＿＿＿＿＿

4 _____

5 _____

6 听句子，写汉字。
Listen and write the characters.

1 _____

2 _____

3 _____

4 _____

5 _____

7 角色扮演。
Role-play.

Listen to and imitate the dialogue together with your partner. Try to get the meaning of the dialogue with the help of your friends, teachers or dictionaries.

8 文化体验。
Experience culture.

① 去邮局寄一个包裹，回来跟你的朋友说说这件事儿。

② 坐公共汽车和地铁从你家到学校，看看都经过哪儿，并写一写。

③ 在中国，很多人坐车用交通卡，问问你的朋友或老师：坐哪些交通工具可以用这种卡？

9 看下面的车票和卡，说出它们都是什么票、什么卡。
Read the following tickets and card and tell their names.

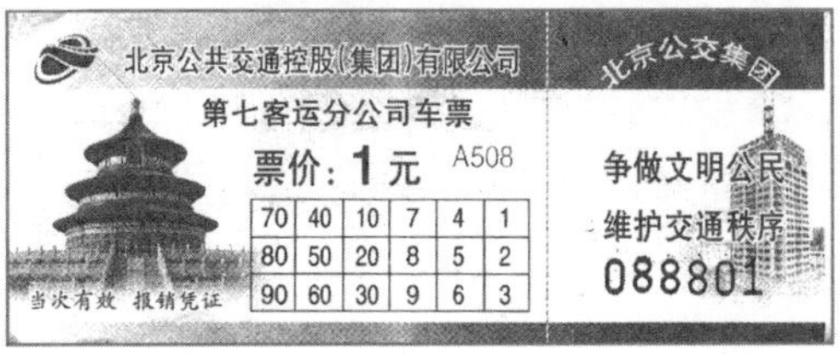

读写练习　Reading and Writing Exercises

1 按正确的笔顺描汉字，并在后边的空格里写汉字。

Trace the characters following the correct stroke order. Then copy the characters in the blanks.

巳	㇆ ㇆ 巳	巳	巳							
弗	一 ㇕ 弓 弔 弗	弗	弗							
象	ノ ク ク 各 各 争 旁 旁 旁 象 象	象	象							
聿	㇕ ⺕ ⺕ ⺕ 聿 聿	聿	聿							
乘	ノ 二 千 千 千 千 乖 乖 乘 乘	乘	乘							
失	ノ 𠂉 𠂉 失 失	失	失							

2 在空格里写汉字，注意汉字的部件。

Write the characters in the blanks, paying attention to the character components.

jì	讠 + 己	记								
bāo	勹 + 巳	包								

guǒ	一 + 果 + 衣	裹							
xiē	止 + 匕 + 二	些							
diǎn	曲 + 八	典							
jiù	丨 + 日	旧							
wǎng	彳 + 主	往							
háng	舟 + 亠 + 几	航							
kōng	穴 + 工	空							
yùn	云 + 辶	运							
fèi	弗 + 贝	费							
qǔ	耳 + 又	取							
dān	丷 + 甲 + 一	单							
hù	扌 + 户	护							
kè	宀 + 夂 + 口	客							
jiàn	聿 + 廴	建							
lù	𧾷 + 各	路							
qì	氵 + 气	汽							
xiàng	亻 + 象	像							
zán	口 + 自	咱							
piào	西 + 示	票							
biān	力 + 辶	边							

zhàn	立 + 占	站								
dì	土 + 也	地								
tiě	钅 + 失	铁								
fàng	方 + 攵	放								
zāo	米 + 一 + 曲 + 日	糟								
qián	丷 + 一 + 月 + 刂	前								

3 为下列词语标注拼音，并译成英文。

Mark *pinyin* for the following words and phrases and then translate them into English.

（1）往前走　住前门

_____

_____

（2）不错　不借

_____

_____

（3）客气　容易

_____

_____

（4）买票　也要

_____

_____

（5）邮费　很贵

_____

_____

4 为下列每组词语标注拼音，并译成英文。猜一猜没学过的词语的意思，并通过朋友、老师或词典来确认。

Mark *pinyin* for the following groups of words and phrases and then translate them into English. Try to guess the meanings of the words and phrases you haven't learned and then confirm them with the help of your friends, teachers or dictionaries.

（1）邮——邮局　邮费　邮票　邮寄

_____

_____

（2）边——里边　外边　前边　后边

_____

_____

（3）客——客气　客人　客厅　乘客

_____

_____

（4）航——航空　航海　航运　航行

_____

_____

（5）车——汽车　电车　火车　马车　货车　客车

_____

_____

5 根据拼音写汉字，或为汉字标注拼音。

Write characters according to *pinyin* and vice versa.

（1）fákuǎn tōngzhīdān _____

（2）xìnfēng shang de míngzi _____

（3）dào Xī'ān de chéngkè _____

（4）liànxí zuòcuò le _____

（5）换乘地铁 _____

（6）海运的邮费 _____

（7）包裹没有包好 _____

（8）请大家喝咖啡 _____

6 根据拼音填汉字。

Fill in the blanks with the correct characters according to *pinyin*.

马大为去邮 jú_____寄包 guǒ_____。工作人员让他把包裹打 kāi_____ 看一看。包裹里边都是书：四本中文书，两本英文书，这六本书都是xīn _____的；还有一本大词典，是 jiù_____的。工作人员看了看，就要马大为把包裹包好，还要他 tián _____一张包裹 dān _____。马大为填好了包裹单，工作人员问他："您要寄 wǎng _____美国，寄 háng _____ 空还是海运？"马大为说："航空邮 fèi _____比海运贵，可是比海运快得多，寄航空吧。"他用了106块钱的邮费，是很贵。

7 在汉字"日"的每一边加一个部件，组成学过的汉字。

Add a character component to each side of the character "日" to form the characters you learned.

日

> Key to Exercise 7 in Lesson 17: a.告，古，合，名；b.号，员，只；c.啊，吧，唱，吃，啡，喝，叫，咖，吗，哪，呢，嗓，听，咱；d.和，加，知

8 用结果补语填空。

Fill in each blank with a resultative complement.

（1）邮票已经都贴_____了。

（2）请把你的护照拿_____。

（3）我没有听_____售票员的话，坐_____了车。

（4）专业课的练习我都做_____了，教授很高兴。

（5）现在是12月，南方的天气都变_____了。

9 选择正确的答案。

Choose the correct answers.

（1）这是你的护照，请把名字写_____。

　　　A.下　　　　B.上　　　　C.来　　　　D.去

（2）她外婆很喜欢听音乐，_____喜欢买音乐光盘。

　　A.也　　　　B.都　　　　C.没　　　　D.再

（3）_____你的礼物和衣服包好，该你寄了。

　　A.请　　　　B.拿　　　　C.把　　　　D.带

（4）我要_____英国打一个电话，祝哥哥生日快乐。

　　A.在　　　　B.从　　　　C.到　　　　D.往

（5）咱们的衬衫都是白的，可是这件衬衫比我的小得多，你一定
　　又_____错了。

　　A.借　　　　B.穿　　　　C.买　　　　D.寄

10 连接Ⅰ和Ⅱ两部分的词语，组成句子。

Make sentences by matching the words and phrases of Column Ⅰ with those of Column Ⅱ. Draw a line to connect each pair.

Ⅰ	Ⅱ
下车的乘客	我把大的给我女朋友了。
这些书都寄航空	是王小云刚买的。
那件红色的旗袍	得220块人民币。
现在上课了，	请拿好自己的东西。
我带来了两个苹果，	请大家都坐好。

11 用所给词语组成句子。

Make sentences with the words and phrases given.

（1）多　寄　了　比　航空　慢　海运　寄

　　→ _____

（2）护照　办　东单　在　好像

　　→ _____

（3）钱　下　到　我　取　星期　要　银行

　　→ _____

（4）往　走　下　要　后　请　车　的

　　→ _____

（5）今天　带　把　借书证　我　了　来

→ _____

12　用所给词语造句。
Make sentences with the words and phrases given.

（1）把……给……：_____

（2）往：_____

（3）得（děi）：_____

（4）极了：_____

（5）糟糕：_____

13　根据括号里的要求改写句子。
Change the following sentences according to the requirements in the parentheses.

（1）书店的工作人员说的话，马大为都听懂了。（negative sentence）

→ _____

（2）你的包裹通知单，请给我。（sentence with "把"）

→ _____

（3）我把林娜的书都带来了。（question with "吗"）

→ _____

（4）爸爸给奶奶买了一套音乐光盘。（question with an interrogative pronoun）

→ _____

（5）她下车时没有拿好自己的东西。（question with "吗"）

→ _____

14　把下列句子译成英文。
Translate the following sentences into English.

（1）你听懂今天老师讲的语法了吗？

_____

（2）我的小女儿想给外婆"寄"一间大房子。

_____

（3）那张长城的明信片是不是你朋友的？

_____

（4）你说的电话号码我听懂了，可是记错了。

_____

（5）请把你们填好的表给那位老师。

_____

15　判断下列句子的语法是否正确。

Decide whether the following sentences are grammatically correct (✓) or wrong (✗).

（1）请您通知单上写上您的名字。　　　　　　　　　（　　　）

（2）这不是我要的词典，我要的是英文。　　　　　　（　　　）

（3）我把那些照片都给大家了。　　　　　　　　　　（　　　）

（4）王小姐下午在图书馆等你，别忘了把你的练习本带来。（　　　）

（5）我要取一个包裹，是朋友从英国寄来的。　　　　（　　　）

16　根据本课"阅读与复述"中的短文内容回答问题。

Answer the following questions according to the passage in "Reading Comprehension and Paraphrasing" of this lesson.

（1）爸爸写的两封信的信封是什么颜色的？

（2）两封信是往哪儿寄的？

（3）儿子为什么把里边的信换了？

（4）儿子做对了还是做错了？

（5）爸爸给奶奶买了什么？为什么？

（6）奶奶让小孙子到哪儿去玩儿？

（7）爸爸和妈妈有没有时间去送儿子？儿子说该怎么办？

（8）儿子昨天的练习做得怎么样？

（9）老师是怎么想的？

（10）儿子每天的练习都是谁做的？昨天的是谁做的？

17 回答下列问题。
Answer the following questions.

（1）你要给朋友寄一个包裹，寄航空要多少钱？寄海运要多少钱？

（2）你常常坐公共汽车吗？你喜欢坐地铁还是公共汽车？为什么？

（3）你每天的练习多不多？自己不会做练习怎么办？你可能找谁帮助你？

18 用下列词语来描述一次坐公共汽车或地铁的经历（至少用8个）。
Use at least 8 words and phrases from the following list to describe one of your experiences of taking a bus or subway.

要　到……去　往　拿　票　坐错　在……下车　换　极了　地铁　里边　外边　售票员　站　乘客　好像

19 用汉字填下表。
Fill in the following form with characters.

国 内 普 通 包 裹 详 情 单 （通知单联）

邮1106甲

中国邮政 CHINA POST

PA21056714011

接收局号码：

① 投递局存

一式四份，请用力填写。

收件人	姓名：	电话(手机)：	内件品名及数量
	单位名称：		
	详细地址：		是否短信回执 □是 □否
			是否保价 □是 □否

收寄人名章：

寄件人	姓名：	电话(手机)：	保价金额： 元	重量： 克
	单位名称：		寄件人声明：同意并遵守背面的"使用须知"。如包裹无法投递，按如下选择处理：	资费： 元
	详细地址：		□退还寄件人 □抛弃处理	挂号费： 元
				保价费： 元
			签字：	回执费： 元
	用户代码：	邮政编码：	检查人员名章：	总计： 元

PA 2105-6714 0 11　填写本单前，务请阅读背面的"使用须知"！您的签名意味着您理解并接受"使用须知"内容。

印制厂家　10-10-03

中国画跟油画不一样

Traditional Chinese paintings differ from oil paintings.

听说练习 Listening and Speaking Exercises

1 发音练习。

Pronunciation drills.

Read the following words, phrases and idioms aloud, paying special attention to the tones.

非常好记	锻炼身体	人民日报	中国北京	马马虎虎
游来游去	一幅油画	工作人员	公共汽车	地铁乘客
经过西安	拿好东西	中文词典	英文课本	包好包裹
不好意思	丝绸旗袍	长短合适	没有时间	过期罚款
学习电脑	考试不错	发展很快	英语流利	好久不见
排队换钱	回家写信	办证借书		

5
2~7

2 听问题，根据课文内容圈出正确的答案。

Listen to each question and circle the correct answer according to the texts.

① A. 旅行　　　　B. 打太极拳　　　C. 唱京剧　　　D. 买中国画

② A. 9岁　　　　B. 10岁　　　　　C. 11岁　　　　D. 12岁

③ A. 当然一样　　　　　　　　B. 有点儿不一样

　　C. 没有不一样　　　　　　D. 很不一样

④ A. 英国画家画的马　　　　　B. 徐悲鸿画的马

　　C. 齐白石画的马　　　　　　D. 力波画的马

⑤ A. 用纸　　　　　　　　　　B. 用很贵的丝绸

　　C. 用油彩　　　　　　　　　D. 用铅笔

3 听对话，并回答问题。
Listen to the following dialogue and answer the questions.

① 男士比女士学得多还是学得少？

② 谁学习京剧的时间长？谁京剧唱得好？

③ 女士学了几年中国画？油画呢？

④ 男士学油画了吗？

⑤ 女士喜欢她学的东西吗？她喜欢什么？

4 听句子，并填空。
Listen and fill in the blanks.

① 你的衬衫_____我的颜色一样。

② 他在书店想找一本_____教育孩子的书，售货员_____他找出了三本。

③ 他学汉语的时间跟我不_____，_____我长两个月。

④ 她每天_____公共汽车回家，然后坐电梯_____楼_____。

⑤ 中国的画家_____什么画画儿？

5 听句子，写拼音。
Listen and write the sentences in *pinyin*.

① _____

② _____

③ _____

④ _____

⑤ _____

6 听句子，写汉字。

Listen and write the characters.

1 _____

2 _____

3 _____

4 _____

5 _____

7 角色扮演

Role-play.

Listen to and imitate the dialogue together with your partner. Try to get the meaning of the dialogue with the help of your friends, teachers or dictionaries.

8 看下列中国画和油画，并和你的语伴讨论它们的异同。

Look at the following traditional Chinese paintings and oil paintings. Discuss their similarities and differences with your partner.

 读写练习 Reading and Writing Exercises

1 按正确的笔顺描汉字，并在后面的空格里写汉字。

Trace the characters following the correct stroke order. Then copy the characters in the blanks.

天	ノ 二 チ 天	天	天							
斗	丶 丷 三 斗	斗	斗							
石	一 ノ 丆 石 石	石	石							
氏	ノ 厂 氏 氏	氏	氏							

2 在空格里写汉字，注意汉字的部件。

Write the characters in the blanks, paying attention to the character components.

yóu	氵 + 由	油								
huà	一 + 田 + 凵	画								
gǎn	耳 + 攵	敢								
chàng	口 + 日 + 日	唱								
hǔ	虍 + 几	虎								
fú	巾 + 畐	幅								
xú	彳 + 八 + 一 + 朩	徐								
bēi	非 + 心	悲								
hóng	氵 + 工 + 鸟	鸿								
tī	木 + 弟	梯								

xiào	竹 ＋ 天	笑								
cái	木 ＋ 才	材								
liào	米 ＋ 斗	料								
zhǐ	纟 ＋ 氏	纸								
bù	𠂇 ＋ 巾	布								
mò	黑 ＋ 土	墨								
cǎi	采 ＋ 彡	彩								
pǐ	匚 ＋ 儿	匹								
pǎo	𤴓 ＋ 包	跑								
tā	宀 ＋ 匕	它								
fēng	几 ＋ 乂	风								
xiā	虫 ＋ 下	虾								
yóu	氵 ＋ 方 ＋ 𠂉 ＋ 子	游								
qí	文 ＋ 刂	齐								

3　写出所学的形声字，要求形旁在左边，声旁在右边。

Write the pictophonetic characters you learned with the semantic components on the left and the phonetic components on the right.

For example：纟：绍、给、绿、绸、经

（1）女：

（2）口：

（3）亻：

（4）忄：

（5）钅：

（6）氵：

（7）讠：

（8）扌：

（9）衤：

（10）木：

4　为下列词语标注拼音，并译成英文。

Mark *pinyin* for the following words and phrases and then translate them into English.

（1）游泳　油画　邮局

_____

（2）一幅　衣服

_____

（3）大家　参加

_____

（4）跑步　白布

_____

（5）两块　很快

_____

（6）照相　好像

_____

5　为下列每组词语标注拼音，并译成英文。猜一猜没学过的词语的意思，并通过朋友、老师或词典来确认。

Mark *pinyin* for the following groups of words and phrases and then translate them into English. Try to guess the meanings of the words and phrases you haven't learned and then confirm them with the help of your friends, teachers or dictionaries.

（1）馆——美术馆　图书馆　文化馆

_____

_____

（2）院——剧院　　　　学院　　　　医院　　　　电影院

_____

_____

（3）电——电梯　　　电车　　　电话

_____

_____

（4）发——发展　　　发烧　　　发炎

_____

_____

（5）房——房子　　　房租　　　厨房

_____

_____

6 根据拼音写汉字，或为汉字标注拼音。

Write characters according to *pinyin* and vice versa.

（1）chàng jīngjù _____

（2）chī de mǎmǎhūhū _____

（3）zhēn shì bù gǎn dāng _____

（4）ràng wǒ xiǎngxiàng yíxiàr _____

（5）画中国画 _____

（6）去美术馆参观 _____

（7）徐悲鸿画的马 _____

（8）别开玩笑了 _____

7 根据拼音填汉字。

Fill in the blanks with the correct characters according to *pinyin*.

　　徐悲鸿是中国有míng_____的画家。他从小就喜欢美shù_____，九岁开始跟他爸爸学习中国画。他常跟他爸爸一起画画儿、卖画儿。

　　有一次，一个朋友从法国回来，带了很多yóu_____画回来。油画跟中国画不一样，徐悲鸿非常喜欢油画，他很想去法国留学，学习油画。

　　1919年，徐悲鸿真的到了法国。他去参guān_____了巴黎（Bālí，Paris）的美术馆，看到了很多有名的油画，他高兴极了。他每天都努力学习，后来成了中国有名的大画家。

8 猜字谜
Character riddle.

空山有一块田。

（The key is a character.）

Key to Exercise 7 in Lesson 18：a.音，普；
b.是，星，易，早；c.旧；d.明，时，昨，晚

9 用"跟……一样"或"跟……不一样"填空。
Fill in the blanks with "跟……一样" or "跟……不一样".

（1）学钢琴_____学画画儿的方法很_____。

（2）齐白石画的虾_____徐悲鸿画的马_____美。

（3）他哥哥_____我哥哥_____喜欢油画。

（4）她奶奶是上海人，说话_____北京人_____。

（5）寄信_____寄包裹_____，不一定要去邮局。

10 选择正确的答案。
Choose the correct answers.

（1）丁力波中国画画得怎么样？

　　　A.他爱画马。　　　　　B.画得很马虎。

　　　C.他爱画虎。　　　　　D.画得马马虎虎。

（2）我们起得太早了，图书馆_____没开门呢！

　　　A.也　　　B.还　　　C.真　　　D.就

（3）_____，你的翻译课学得比我好啊！

　　　A.对不起　　　　　　B.没关系

　　　C.不敢当　　　　　　D.不用

（4）楼上的人太多了，我们坐电梯_____楼去吧。

　　A. 上　　　　　B. 下　　　　C. 进　　　　D. 出

（5）我在这儿过得很好，跟在自己家里_____。

　　A. 一样　　　　　　　B. 不一样

　　C. 很不一样　　　　　D. 很一样

11 连接Ⅰ和Ⅱ两部分的词语，组成句子。
Make sentences by matching the words and phrases of Column Ⅰ with those of Column Ⅱ. Draw a line to connect each pair.

Ⅰ	Ⅱ
我很喜欢骑自行车，	我画得还不太好。
林娜真的去西安了，	总是跟我开玩笑。
不敢当，	也骑得很快。
我们楼的电梯司机	他喜欢自己用布做衣服。
他的爱好很有意思，	是不是？

12 用所给词语组成句子。
Make sentences with the words and phrases given.

（1）往　只　跑　那　咱们　了　狗　这儿　来

　→ _____

（2）做　西服　用　跟　中式衣服　做　东西　的　一样　不

　→ _____

（3）那里　的　两　半　小时　个　他们　音乐　听　在　了

　→ _____

（4）上　我们　电梯　楼　坐　吗　去

　→ _____

（5）游来游去　水　虾　可爱　在　里　的

　→ _____

13　用所给词语造句。

Make sentences with the words given.

（1）马马虎虎：_____

（2）不敢当：_____

（3）主要：_____

（4）只（zhǐ）：_____

（5）别的：_____

14　把下列句子改写成含"跟……一样/不一样"的句子。

Change the following sentences into the ones with "跟……一样/不一样".

（1）丁力波很高，他爸爸也很高。

　　→ _____

（2）我的爱好是看电影，我妹妹的爱好是听音乐。

　　→ _____

（3）明天王小明有英语和电脑课，陈里有中文和美术课。

　　→ _____

（4）去美术馆可以坐103路公共汽车，去王府井也可以坐103路公共汽车。

　　→ _____

（5）力波的包裹在邮局取，大为的包裹在海关取。

　　→ _____

15　把下列句子译成英文。

Translate the following sentences into English.

（1）我已经查了15个生词了。

_____

（2）那位画家不用油彩，只用水和墨画马。

_____

（3）我姐姐今年25岁，还没男朋友呢。

_____

（4）他是不是坐火车去旅行了？/他坐火车去旅行了，是不是？

_____

（5）管孩子还是不管孩子，真是一个大问题啊！

_____

16 判断下列句子的语法是否正确。

Decide whether the following sentences are grammatically correct (✓) or wrong (✕).

（1）老王很喜欢中国画，老张很喜欢油画，他们的爱好不一样。（　　）

（2）他喜欢锻炼，他今天跑一个小时了。（　　）

（3）银行还没开门，李教授在银行门口游来游去。（　　）

（4）徐悲鸿和齐白石都是中国有名的画家。（　　）

（5）我做好练习四十分钟。（　　）

17 根据本课"阅读与复述"中的短文内容回答问题。

Answer the following questions according to the passage in "Reading Comprehension and Paraphrasing" of this lesson.

（1）女儿为什么常常让"我"和她妈妈生气？

（2）每个星期天"我"为什么都不休息？

（3）女儿喜欢学画画儿还是喜欢学钢琴？

（4）"我"去书店想找一本什么样的书？

（5）售货员给"我"找出了几本书？

（6）那三本书的观点一样吗？

（7）中国的孩子晚上9点还要做什么？

（8）你认为应该还是不应该管孩子？为什么？

18 回答下列问题。

Answer the following questions.

（1）你每次回家要坐多长时间的车？

（2）你喜欢中国画吗？为什么？

（3）中国画和西方油画，你喜欢哪一种？为什么？

（4）你的爸爸妈妈怎么教育你？你觉得他们的方法好不好？为什么？

（5）以后你想怎么教育你自己的孩子？

（6）你觉得，西方人教育孩子的方法跟中国人的有什么不一样？

19 用下列词语来描述你喜欢的画家或艺术家（至少用8个）。

Use at least 8 words and phrases from the following list to describe one of your favourite painters/artists.

参观 美术馆 画 油画 油彩 画儿 纸 布 墨 水 空白
常常 爱好 喜欢 美 跟……一样/不一样 想象 观点

过 新 年

Celebrating the New Year

（复习　Review）

第二十课
Lesson
20

听说练习　Listening and Speaking Exercises

1 发音练习。

Pronunciation drills.

Read the ancient poem.

夜泊瓜洲　　　　　　　　Yè Bó Guāzhōu

王安石　　　　　　　　　Wáng Ānshí

京口瓜洲一水间，　　　　Jīngkǒu Guāzhōu yì shuǐ jiān,

钟山只隔数重山。　　　　Zhōngshān zhǐ gé shù chóng shān.

春风又绿江南岸，　　　　Chūnfēng yòu lǜ Jiāngnán àn,

明月何时照我还？　　　　Míngyuè hé shí zhào wǒ huán?

 6

2~7

2 听问题，根据课文内容圈出正确的答案。

Listen to each question and circle the correct answer according to the texts.

① A. 火锅　　　B. 火车　　　C. 蛋糕　　　D. 烤鸭

② A. 吃涮羊肉　　B. 去旅行　　C. 买光盘　　D. 演奏民族乐器

③ A. 衣服　　　B. 中国画　　C. 花儿　　　D. 照相机

④ A. 出租车　　　B. 火车　　　C. 公共汽车　D. 地铁

⑤ A. 让他开车　　　　　　　　B. 让他化妆

　　C. 让他买些吃的　　　　　　D. 让他写文章

3 听对话，并判断正误。

Listen to the following dialogue and decide whether the statements are true (T) or false (F) .

① 北京人都只喜欢在冬天吃火锅。　　　　　　　　　（　一　）

② 火锅只有涮羊肉和涮牛肉两种。　　　　　　　　（　　）

③ 很多火锅店都有空调。　　　　　　　　　　　　（　　）

④ 很多人都不喜欢吃豆腐和青菜。　　　　　　　　（　　）

⑤ "青菜豆腐保平安"的意思是：常常吃青菜和豆腐，

对人的身体很好。　　　　　　　　　　　　　　（　　）

4 听句子，并填空。
Listen and fill in the blanks.

① 这个火锅店＿＿＿＿那个一样大。

② ＿＿＿＿北京的冬天很冷，＿＿＿＿我穿了很多衣服。

③ 你们＿＿＿＿着急，医生已经过＿＿＿＿了。

④ 你们的音乐会票＿＿＿＿？请＿＿＿＿票给工作人员看一下。

⑤ 你把这件旗袍试一试，我觉得＿＿＿＿那件漂亮＿＿＿＿。

5 听句子，写拼音。
Listen and write the sentences in *pinyin*.

① ＿＿＿＿＿＿＿＿＿＿＿＿＿＿＿＿＿＿＿＿

② ＿＿＿＿＿＿＿＿＿＿＿＿＿＿＿＿＿＿＿＿

③ ＿＿＿＿＿＿＿＿＿＿＿＿＿＿＿＿＿＿＿＿

④ ＿＿＿＿＿＿＿＿＿＿＿＿＿＿＿＿＿＿＿＿

⑤ ＿＿＿＿＿＿＿＿＿＿＿＿＿＿＿＿＿＿＿＿

6 听句子，写汉字。
Listen and write the characters.

① ＿＿＿＿＿＿＿＿＿＿＿＿＿＿＿＿＿＿＿＿

② ＿＿＿＿＿＿＿＿＿＿＿＿＿＿＿＿＿＿＿＿

③ ＿＿＿＿＿＿＿＿＿＿＿＿＿＿＿＿＿＿＿＿

④ ＿＿＿＿＿＿＿＿＿＿＿＿＿＿＿＿＿＿＿＿

5 _____

7 角色扮演
Role-play.

Listen to and imitate the dialogue together with your partner. Try to get the meaning of the dialogue with the help of your friends, teachers or dictionaries.

8 文化体验。
Experience culture.

① 去参加一次中国人的新年聚会，看看他们怎么过新年，告诉他们你们常常怎么过新年，常送什么礼物。

② 你是哪一年出生的？问问你的中国朋友你应该属什么。

9 阅读下列演出票，并说出它们是什么票以及在哪里演出。
Look at the following tickets to tell their names and where they are used.

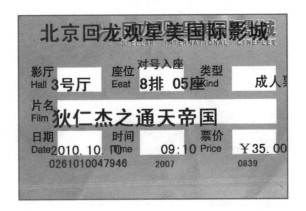

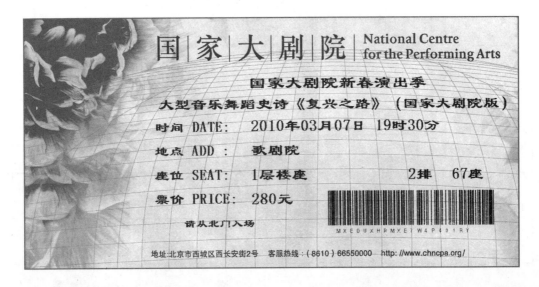

读写练习　*Reading and Writing Exercises*

1 按正确的笔顺描汉字，并在后面的空格里写汉字。

Trace the characters following the correct stroke order. Then copy the characters in the blanks.

丸	丿九丸	丸	丸						
曲	丨冂日由曲曲	曲	曲						

2 在空格里写汉字，注意汉字的部件。

Write the characters in the blanks, paying attention to the character components.

guō	钅 + 口 + 内	锅							
yīn	囗 + 大	因							
shuàn	氵 + 尸 + 巾 + 刂	涮							
ròu	冂 + 人 + 人	肉							
rè	扌 + 丸 + 灬	热							
jiāo	交 + 阝	郊							
qū	匚 + ㄨ	区							
huò	戈 + 口 + 一	或							
huà	亻 + 匕	化							
zhuāng	丬 + 女	妆							
zú	方 + 𠂉 + 矢	族							
qì	口 + 口 + 犬 + 口 + 口	器							

yǎn	氵＋宀＋一＋由＋八	演							
zòu	夫＋天	奏							
guàn	忄＋毌＋贝	惯							
huā	艹＋化	花							
xiàng	木＋目	相							
páng	立＋方	旁							
piān	竹＋户＋冊	篇							
zhāng	立＋早	章							
gōng	共＋小	恭							
zháo	羊＋目	着							
jí	夕＋彐＋心	急							
chūn	夫＋日	春							
jiāng	氵＋工	江							
yè	亠＋亻＋夕	夜							

3 给下列右形左声的形声字标注拼音，并把它们译成英文。

Mark *pinyin* for the following pictophonetic characters with the semantic components on the right and the phonetic components on the left. Then translate them into English.

（1）放

（2）翻

（3）刚

（4）故

（5）和

（6）剧

（7）鸭

（8）瓶

（9）颜

（10）邮

4　为下列词语标注拼音，并译成英文。

Mark *pinyin* for the following words and phrases and then translate them into English.

（1）长城　　院长

_____

（2）很好　　爱好

_____

（3）还是　　还书

_____

（4）觉得　　睡觉

_____

5　为下列每组词语标注拼音，并译成英文。猜一猜没学过的词语的意思，并通过朋友、老师或词典来确认。

Mark *pinyin* for the following groups of words and phrases and then translate them into English. Try to guess the meanings of the words and phrases you haven't learned and then confirm them with the help of your friends, teachers or dictionaries.

（1）民——民族　　　民乐　　　人民

_____

（2）乐——乐器　　　乐曲　　　奏乐

_____

（3）名——名称　　　名片　　　名字

_____

（4）时——时间　　　时候　　　小时

_____

_____

（5）今——今天　　　今年　　　今日

_____

_____

（6）明——明天　　　明年　　　明日

_____

_____

（7）好——好久　　　好多　　　好像

_____

_____

（8）公——公园　　　公司　　　公分

_____

_____

（9）可——可能　　　可以　　　可是

_____

_____

（10）生——生日　　　生活　　　生词

_____

_____

6 为下列汉字添加部件，在↓下面组成学过的汉字，并在→后面组词。

Add character components to the following characters to form the characters and write them below ↓. Then make words/phrases after →.

For example：马→兵马俑

　　　　　　　↓

　　　　妈 →妈妈；吗 →好吗

（1）考 →

　　↓

（2）门 →

　　↓

（3）票 →

　　↓

（4）气 →

　　↓

（5）人 →

　　↓

（6）式 →

　　↓

（7）相 →

　　↓

（8）非 →

　　↓

（9）工 →

　　↓

（10）己 →

↓

7 根据拼音写汉字，或为汉字标注拼音。

Write characters according to *pinyin* and vice versa.

（1）hái yào mǎi guāngpán _____

（2）Běijīng rén xǐhuan tīng jīngjù _____

（3）zhù mǎnián kuàilè _____

（4）zuò gōnggòng qìchē de rén duō jí le _____

（5）去楼下锻炼 _____

（6）用民族乐器演奏 _____

（7）给林娜送花儿 _____

（8）带一幅画儿来 _____

8 根据拼音填汉字。

Fill in the blanks with the correct characters according to *pinyin*.

　　过新年的时候，宋华请丁力波他们去家里吃火guō_____。林娜觉得涮yáng_____肉很好吃，她问王小云："是不是yīn_____为冬天冷，所yǐ_____北京人常吃火锅？"

　　王小云说："不是这样的。北京人喜欢吃火锅，夏天rè_____的时候也常吃。北京的涮羊肉跟北京烤鸭一样有名。你知道吗？涮羊肉这个名字是元朝的一位皇帝取的。这位皇帝很喜欢吃烤羊肉。有一次，因为有事儿，他要早一点儿吃饭，可是，他喜欢吃的烤羊肉还没有做，怎么办呢？厨师很zháo_____急，他想了一会儿，就把羊肉切得跟纸一样薄，在开水里涮一涮，再加上作料，给皇帝吃。真是好吃极了，皇帝吃得很高兴。他问厨师：'这个菜叫什么名字？'厨师说：'这个菜还没有名字。'皇帝又问：'这个菜是怎么做的？'厨师介绍了一下，皇帝说：'这个菜就叫涮羊肉吧。'"林娜听了以后，她说："有意思。我爸爸妈妈来北京lǚ_____行，我一定要请他们去吃涮羊肉。"

生词　New Words

1	元朝	Yuáncháo	PN	Yuan Dynasty（1206~1368）
2	皇帝	huángdì	N	emperor
3	厨师	chúshī	N	cook, kitchener
4	切	qiē	V	to cut
5	薄	báo	A	thin
6	开水	kāishuǐ	N	boiled water
7	作料	zuòliao	N	ingredient
8	菜	cài	N	dish, course

9 在"白"的每一边加一个部件，组成学过的汉字。
Add character components to each side of the character "白" to form characters you learned.

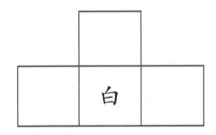

（Key to Exercise 8 Lesson 19: 画）

10 用"再"或"又"填空。
Fill in the blanks with "再" or "又".

（1）他非常喜欢中国民乐，他说要_____去买一些民乐光盘。

（2）大为星期天_____来了。

（3）现在是上午十点，我想下午_____去锻炼锻炼身体。

（4）糟糕，我_____忘了叫出租车了。

（5）今天有《春江花月夜》，我_____去晚了。

11 选择正确的答案。
Choose the correct answers.

（1）因为今天的练习很多，_____我没去听音乐会。

　　　A. 就　　　B. 也　　　C. 想　　　D. 所以

（2）那个人非常高兴，把新书带_____了家。

　　　A. 来　　　B. 去　　　C. 回　　　D. 走

（3）他比别人画_____都快。

　　　A. 的　　　　B. 得　　　　C. 也　　　D. 了

（4）已经六点半了，你的妆化_____了没有？

　　　A. 得怎么样　B. 好看　　　C. 正式　　　D. 好

（5）王经理今天太忙了，他_____会晚一点儿来。

　　　A. 愿意　　　B. 所以　　　C. 可能　　　D. 应该

12 连接Ⅰ和Ⅱ两部分的词语，组成句子。
Make sentences by matching the words and phrases of Column Ⅰ with those of
Column Ⅱ. Draw a line to connect each pair.

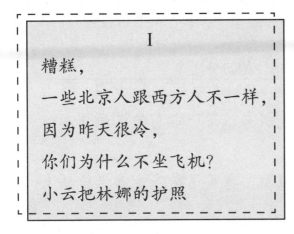

Ⅰ

糟糕，

一些北京人跟西方人不一样，

因为昨天很冷，

你们为什么不坐飞机？

小云把林娜的护照

Ⅱ

那比坐火车快多了。

拿来了。

他们不太习惯听西方音乐。

所以她穿的衣服很多。

咱们买的红葡萄酒呢？

13 用所给词语组成句子。
Make sentences with the words and phrases given.

（1）照相机　了　来　忘　别　把　带

　　→ _____

（2）吃　北京人　爱　就　火锅

　　→ _____

（3）不　年轻人　的　礼物　老年人　一样　的　买　跟　买

　　→ _____

（4）他　就　学习　到　上海　去年　了　去

　　→ _____

（5）快乐 老人 们 祝 孩子 新年

　　→ _____

14 用所给词语造句。

Make sentences with the words and phrases given.

（1）也可能：_____

（2）着急：_____

（3）因为……所以……：_____

（4）或者：_____

（5）跟……一起……：_____

（6）又：_____

15 把下列句子改写成含"因为……所以……"的句子。

Change the following sentences into the ones with "因为……所以……".

（1）他的语法考得不太好，他要去图书馆借一本新的汉语课本。

　　→ _____

（2）《春江花月夜》的乐曲好听极了，我买了很多光盘送给朋友。

　　→ _____

（3）送花儿是西方人的习惯，我过生日的时候很多中国朋友也给我

　　买了花儿。

　　→ _____

（4）那儿非常美，你一定要带照相机去。

　　→ _____

（5）现在没有公共汽车，他们可能会坐出租车来。

　　→ _____

16 把下列句子译成英文。

Translate the following sentences into English.

（1）我弟弟今天已经念了三个小时的课文了。

_____

（2）你的身体怎么还不好？你把医生给你的药都吃了吗？

_____

（3）这个美术馆比那个新的大得多，也高得多。

_____

（4）我们都把护照带来了，你的呢？

_____

（5）他跟咱们不一样，他九岁的时候就开始学汉语了。

_____

17 判断下列句子的语法是否正确。
Decide whether the following sentences are grammatically correct (✓) or wrong (×).

（1）因为爸爸要去参加聚会，所以我穿得很正式。 （　　）

（2）天气太热了，他们可能不会去公园玩儿了。 （　　）

（3）你喜欢看京剧、看电影还是看音乐？ （　　）

（4）我们过新年的时候常常出去旅行，或者跟朋友一起吃饭。 （　　）

（5）我把京剧票忘，你能不能给我带来？ （　　）

18 根据本课"阅读与复述"中的短文内容判断正误。
Decide whether the following statements are true (T) or false (F) according to the passage in "Reading Comprehension and Paraphrasing" of this lesson.

（1）朋友们人很多，酒太少，只能大家喝一瓶酒。 （　　）

（2）他们一起喝酒，一起画蛇。 （　　）

（3）一个年轻人比别的人画得快。 （　　）

（4）年轻人给蛇添了脚。 （　　）

（5）他旁边的一个人也给蛇添了脚。 （　　）

（6）大家没有把酒给年轻人，因为蛇是没有脚的。 （　　）

（7）"画蛇添足"的意思就是做多余的事儿。 （　　）

19 回答下列问题。

Answer the following questions.

（1）你听中国民乐吗？你喜欢什么中国民族乐器？

（2）你知道《春江花月夜》吗？它是什么样的乐曲？

（3）你认识"画蛇添足"故事中那样的人吗？说说他/她是怎么"画蛇添足"的。

（4）你知道别的寓言故事吗？请说一说。

20 用下列词语来描述一次听音乐会的经历（至少用8个）。

Use at least 8 words and phrases from the following list to describe one of you experiences of listening to a concert.

新年　音乐会　正式　……的时候　穿　化妆　西方　民乐　演奏
乐器　乐曲　因为……所以……　可能　光盘　再

21 写一段短文介绍一道名菜（不少于100字）。

Write a short paragraph to introduce a famous dish (more than 100 characters).

我们的队员是从不同国家来的

Our team members are from different countries.

听说练习 Listening and Speaking Exercises

1 发音练习。

Pronunciation drills.

Read the following words, phrases and sentences aloud, paying special attention to the third-tone sandhi.

北京	广州	火车	火锅	北方	海关	打的	小说	小偷

普通话

语言	检查	导游	感人	倒霉	起床	水平	小时	演员

海南岛

比赛	访问	懂事	海运	好像	景色	举办	考试	马上

感兴趣

北边	打算	里边	你的	喜欢

姐姐	很好	管理	古典	孔子	所以	往北	雨景	远景

展览	小伙子

我很好　好久不见　马马虎虎　有五百匹好马

2 听问题，根据课文内容圈出正确的答案。

Listen to each question and circle the correct answer according to the texts.

2~7

① A. 音乐　　　　B. 油画　　　　C. 足球　　　　D. 京剧

② A. 学院队　　　B. 中国大学生队　C. 中国国家队　D. 记者队

③ A. 低多了　　　B. 高多了　　　C. 快多了　　　D. 一样

④ A. 他们的人多。　　　　　　　B. 他们的10号踢得很好。

　　C. 他们的教练很好。　　　　　D. 他们都跑得很快。

⑤ A. 后边　　　　B. 前边　　　　C. 右边　　　　D. 左边

3 听对话，并判断正误。

Listen to the following dialogue and decide whether the statements are true (T) or false (F).

① 男士想租房子。 （　　）

② 女士出租的房子离语言学院很远。 （　　）

③ 房子一共有24平米。 （　　）

④ 房子里没有阳台。 （　　）

⑤ 房子旁边没有公园。 （　　）

⑥ 男士习惯晚上去锻炼身体。 （　　）

⑦ 到语言学院可以坐307路公共汽车。 （　　）

⑧ 男士不想去看房子。 （　　）

4 听句子，并填空。

Listen and fill in the blanks.

① 对不起，我_____有一个_____。

② 这件事儿我也_____昨天刚听朋友说的。

③ 那场球赛是在哪儿_____的？

④ 我们班的同学都是_____不同的城市来的。

⑤ _____他的女朋友从美国来了，_____我们去饭馆吃了一次火锅。

5 听句子，写拼音。

Listen and write the sentences in *pinyin*.

① _____

② _____

③ _____

④ _____

⑤ _____

6 听句子，写汉字。
Listen and write the characters.

1 _____

2 _____

3 _____

4 _____

5 _____

7 角色扮演。
Role-play.

Listen to and imitate the dialogue together with your partner. Try to get the meaning of the dialogue with the help of your friends, teachers or dictionaries.

8 讨论。
Discuss.

1 在学校里，你参加了什么队？你们常常参加比赛吗？

2 你喜欢看足球比赛吗？你常常在哪儿看比赛？

3 你喜欢什么球？你喜欢的球队是哪一个？

4 找职业习惯：记者的职业习惯——提问题；

老师的职业习惯——

医生的职业习惯——

足球队员的职业习惯——

教练的职业习惯——

售票员的职业习惯——

售货员的职业习惯——

9 看下面苏州园林的图片，和你的语伴讨论它们的特征。

Look at the following photos of the gardens in Suzhou and discuss their characteristics with your partner.

10 文化体验。

Experience culture.

在你们那儿的中文报上找一找租房的广告 (guǎnggào, advertisement)，找一个房租便宜，50平方米以上，有厨房、卫生间和卧室的房子。

 读写练习　*Reading and Writing Exercises*

1 按正确的笔顺描汉字，并在后边的空格里写汉字。

Trace the characters following the correct stroke order. Then copy ther characters in the blanks.

凡	丿 几 凡	凡	凡						
臣	一 丆 王 玉 臣 臣	臣	臣						

2 在空格里写汉字，注意汉字的部件。

Write the characters in the blanks, paying attention to the character components.

tóng	冂 ＋ 一 ＋ 口	同							
yíng	亠 ＋ 口 ＋ 月 ＋ 贝 ＋ 凡	赢							
sài	宀 ＋ 艹 ＋ 八 ＋ 贝	赛							

xiào	木 ＋ 交	校							
hòu	厂 ＋ 一 ＋ 口	后							
tí	扌 ＋ 是	提							
tī	𧾷 ＋ 日 ＋ 勿	踢							
zuǒ	𠂇 ＋ 工	左							
yòu	𠂇 ＋ 口	右							
lí	亠 ＋ 凶 ＋ 禸	离							
yuǎn	元 ＋ 辶	远							
guǎi	扌 ＋ 另	拐							
wèi	卩 ＋ 一	卫							
wò	臣 ＋ 卜	卧							
yáng	阝 ＋ 日	阳							
tái	厶 ＋ 口	台							

3 为下列上形下声的形声字标注拼音，并把它们译成英文。

Mark *pinyin* for the following pictophonetic characters with the semantic components on the top and the phonetic components at the bottom. Then translate them into English.

（1）花

（2）寄

（3）蕉

（4）篇

（5）革

（6）舍

（7）药

（8）房

（9）爸

4 为下列每组词语标注拼音，并译成英文。猜一猜没学过的词语的意思，并通过朋友、老师或词典来确认。

Mark *pinyin* for the following groups of words and phrases and then translate them into English. Try to guess the meanings of the words and phrases you haven't learned and then confirm them with the help of your friends, teachers or dictionaries.

（1）学——学习　学生　学院　学校　大学　中学　小学　同学

_____

_____

（2）以——以后　以前　以上　以下　以内　以外

_____

_____

（3）边——右边　东边　南边　西边　北边　前边　后边　里边
　　　　外边　上边　下边

_____

_____

（4）年——今年　明年　去年　前年　后年　年轻

_____

_____

（5）教——教练　教师　教员　教学　教室

_____

_____

5 为下列汉字添加部件，在↓下面组成学过的汉字，并在→后面组词。

Add character components to the following characters to form characters and write them below ↓. Then make words/phrases after →.

（1）冬→
　　　↓

（2）生→
　　　↓

（3）长→
　　　↓

（4）弟→
　　　↓

（5）平→
　　　↓

（6）车→
　　　↓

（7）元→
　　　↓

（8）方→
　　　↓

（9）也→
　　　↓

（10）古→

　　　↓

---

6 根据拼音写汉字，或为汉字标注拼音。

Write characters according to *pinyin* and vice versa.

（1）Zhōngguó dàxuéshēng duì de jiàoliàn hěn yǒumíng

_____

（2）gōngyuán de xībian yǒu yí ge yóujú _____

（3）hǎiguān lí xuéyuàn bú tài yuǎn _____

（4）shàng bàn chǎng jiù jìnle sān ge qiú _____

（5）卧室的外边 _____

（6）球员的职业习惯 _____

（7）很想赢他们队 _____

（8）写一篇介绍文章 _____

> Key to Exercise 9 in Lesson 20：的，百，怕

---

7 用"从"或"离"填空。

Fill in the blanks with "从" or "离".

（1）_____我们这儿到那个医院可以坐地铁。

（2）他哥哥的公司_____美术馆很远。

（3）_____邮局往北走十分钟就到了。

（4）这些学生都是_____欧洲来的。

（5）这里_____火车站太远了，出去旅行很不方便。

---

8 选择正确的答案。

Choose the correct answers.

（1）小姐，您能给我们介绍_____这个美术馆的历史吗？

　　　A. 一场　　B. 一次　　C. 一下　　D. 一个

（2）听你说的普通话，你是上海人_____？

　　　A. 吗　　　B. 吧　　　C. 啊　　　D. 呀

（3）客厅_____厨房的左边，房子里没有卫生间。

　　A. 和　　　　B. 从　　　　C. 是　　　　D. 在

（4）这里_____天安门广场，你们没有走错。

　　A. 就是　　　B. 也是　　　　C. 不是　　　　D. 是不是

（5）这是北京大学的图书馆，那儿是教学楼，北边还_____一个湖，

　　叫未名湖。

　　A. 也有　　　B. 有　　　　C. 是　　　　D. 也是

9 连接Ⅰ和Ⅱ两部分的词语，组成句子。

Make sentences by matching the words and phrases of Column Ⅰ with those of Column Ⅱ. Draw a line to connect each pair.

Ⅰ	Ⅱ
我常常去留园，	还有厨房和卫生间。
他的水平很高，	看了三套房子。
房子里有客厅、卧室，	再往东拐就到火车站了。
他用了一个下午	那儿离我奶奶家不远。
下了出租车先往前走200米，	所以能去国家队当教练。

10 用所给词语组成句子。

Write sentences with the words and phrases given.

（1）兵马俑　西安　有名　很　的

　　→ _____

（2）图书馆　是　学院　我们　的　西边　足球场

　　→ _____

（3）斤　买　三　两　香蕉　苹果　斤　了　一共　和

　　→ _____

（4）那　教练　位　下来　国家队　是　去年　从　的

　　→ _____

（5）坐　375路　再　331路　先　到　就　了　换

→ _____

11 用所给词语造句。
　　Make sentences with the words and phrases given.

（1）以后：_____

（2）离：_____

（3）先……再……：_____

（4）是跟……比赛的：_____

（5）是从……来的：_____

12 把下列句子改写成含"在……（的）……边"的句子。
Change the following sentences into the ones with "在……（的）……边".

（1）语言学院的西边是北京大学。

　　→ _____

（2）从王府井往东走，就到东四了。

　　→ _____

（3）那是马大为住的楼，右边有银行和邮局。

　　→ _____

（4）左边的是6号，6号右边的是8号。

　　→ _____

（5）从这儿往北走十分钟，是有名的圆明园公园。

　　→ _____

13 把下列句子译成英文。
Translate the following sentences into English.

（1）下地铁以后先往东走三分钟，再往北拐。

_____

（2）我爸爸是坐公共汽车去参加老朋友聚会的。

_____

（3）中文系办公室在外文系办公室的东边，它的北边有一个小图书馆。

_____

（4）大家好，这位记者是公司请来的，他要写一篇介绍公共汽车司机和
售票员的文章，他今天是来给大家照相的。

_____

_____

（5）他们怎么还不来？他们又把比赛时间忘了吧？

_____

_____

14 判断下列句子的语法是否正确。

Decide whether the following sentences are grammatically correct (✓) or wrong (✕).

（1）以后那位教练来，大学生队的水平就提高了。　　　　（　　）

（2）张教授不住学院里边，他的家离学院很远。　　　　　（　　）

（3）她是从上海来，不是北京人。　　　　　　　　　　　（　　）

（4）我是文化记者，听音乐会也是一种职业习惯啊。　　　（　　）

（5）我想写一件文章，介绍介绍那位有名的画家。　　　　（　　）

15 根据本课"阅读与复述"中的短文内容回答问题。

Answer the following questions according to the passage in "Reading Comprehension
and Paraphrasing" of this lesson.

（1）中国人有一句话，意思是苏州和杭州这两个城市跟天堂一样美。你
知道那句话是怎么说的吗？

（2）苏州和杭州的美一样吗？为什么？

（3）苏州的园林是什么人请人修建的？是谁设计的？

（4）为什么说苏州的园林是非常美的山水画？

（5）中国的园林跟西方的园林一样吗？为什么？

16 回答下列问题。
Answer the following questions.

（1）学校的图书馆、办公楼、宿舍、商店、邮局、银行在哪儿？

（2）你住学校的宿舍吗？你们的宿舍怎么样？

（3）每天你是怎么去上课的？从宿舍到你上课的楼怎么走？

（4）如果你要在学校旁边租房子，你想租什么样的房子？

17 读短文，并填空。
Read the passage and fill in the blanks.

　　一天，一位老师给留学生上口语课，学习"东西"这个生词。老师说："'东西'有两个读音，一是dōngxī，是从东边到西边的意思。例如，那个客厅有25平方米，东西长5米，南北宽也是5米。还有一个读音是dōngxi，吃的、穿的、用的都可以用'东西'来表示，例如：

A：你买什么东西？

B：我买点儿吃的。

A：这是什么东西？

B：这是给孩子买的足球，还有一套衣服。"

　　老师说完了，问学生："同学们，你们听懂了吗？"大家回答："听懂了！"他就请一个学生用"东西"造句子。那个学生说："书是东西，本子也是东西，咖啡是东西，苹果也是东西。"

老师很高兴，说："你说的句子都很对。"

那个学生又说："我是东西，您也是东西。"

老师说："不对！不对！不能这么说！"

那个学生就说："我是东西，您不是东西。"

老师听了，心里有点儿不高兴。他知道学生不是跟他开玩笑。他说："这两个句子也不对。因为'东西'一般不能用来表示人。同学们，要记住，说别人'不是东西'是骂人的话，不能随便用。"那个学生听了，说："老师，对不起！现在，我真的听懂了。我觉得语言这东西，要学好，真不容易。"

生词　New Words

1	读音	dúyīn	N	pronunciation
2	例如	lìrú	V	to give an example
3	回答	huídá	V	to answer
4	句子	jùzi	N	sentence
5	骂	mà	V	to scold, to curse
6	随便	suíbiàn	A	at will

Fill in the blanks according to the above passage.

（1）"东西"有_____读音。

（2）读 dōngxī 是从_____到_____的意思。

（3）读 dōngxi 可以用来表示_____、_____、_____。

（4）"东西"_____表示人。

（5）要记住，"不是东西"是_____，不能随便说。

18 根据本课课文（二）完成下列短文。

Complete the following passage according to Text II of this lesson.

　　我去参观了马大为租的房子，是星期日下午跟同学们一起去的。房子在花园小区，离我们学校不远。我们是坐公共汽车去的。在花园小区前边下车，往前走 3 分钟就到了大为住的 8 号楼。8 号楼下边……

19 用下列词语来描述一次租房的经历（至少用8个）。

Use at least 8 words and phrases from the following list to describe one of your experiences of renting an apartment.

离······　在······边　有　打电话　是······去的　往　拐　再

就　前边　左边　右边　南边　北边　客厅　卧室　厨房

卫生间　职业　习惯　放心　有名　漂亮　贵　别的　商场

银行

你看过越剧没有

Have you watched a Shaoxing opera?

听说练习 Listening and Speaking Exercises

1 发音练习。

Pronunciation drills.

Read the following words and phrases aloud, paying special attention to the tone sandhis of "一".

第一　　一、二、三　　十一　　二十一　　一楼　　一层　　一系

一斤　　一篇　　一张　　一只　　一千　　一间　　一年　　一起

一两　　一百　　一匹马

一定　　一样　　一个　　一次　　一路　　一件衣服　　一辆汽车

一座高楼　　一部小说

说一说　　画一画　　试一试　　爬一爬　　唱一唱　　查一查

帮一帮　　赛一赛

8

2~7

2 听问题，根据课文内容圈出正确的答案。

Listen to each question and circle the correct answer according to the texts.

① A. 看过一次　　　　　　　　B. 看过两次

　 C. 听过一次　　　　　　　　D. 没有看过

② A. 从上海来的　　　　　　　B. 从苏州来的

　 C. 从长安来的　　　　　　　D. 从建国门来的

③ A. 现在中国最有名的小说　　B. 英文爱情小说

　 C. 中国古典小说　　　　　　D. 英国古典小说

④ A. 今晚七点一刻的　　　　　B. 明天晚上的

　 C. 八号的　　　　　　　　　D. 十号的

⑤　A. 坐地铁去　　　　　　　　B. 走路去

　　C. 坐公共汽车去　　　　　　D. 打的去

3 听对话，并判断正误。

Listen to the following dialogue and decide whether the statements are true (T) or false (F).

① 小月看了半个多小时的越剧《红楼梦》。　　　　　　（　　）

② 因为那个剧特别感人，所以她哭（kū, to cry）了。　（　　）

③ 高华是小月的男朋友。　　　　　　　　　　　　　　（　　）

④ 男人都不习惯看《红楼梦》。　　　　　　　　　　　（　　）

⑤ 小月现在很想她在英国的男朋友。　　　　　　　　　（　　）

⑥ 小月想让男朋友来北京看她。　　　　　　　　　　　（　　）

4 听句子，并填空。

Listen and fill in the blanks.

① 我＿＿＿＿没有看过这么好的演出。

② 那本爱情小说我没有看＿＿＿＿。

③ 我＿＿＿＿很喜欢中国画，＿＿＿＿我自己不会画。

④ 这＿＿＿＿课文很长，你读得还不太流利，你应该再读一＿＿＿＿。

⑤ 阿里虽然学汉语＿＿＿＿时间不长，但他学＿＿＿＿不错。

5 听句子，写拼音。

Listen and write the sentences in *pinyin*.

①　＿＿＿＿＿＿＿＿＿＿＿＿＿＿＿＿＿＿＿＿

②　＿＿＿＿＿＿＿＿＿＿＿＿＿＿＿＿＿＿＿＿

③　＿＿＿＿＿＿＿＿＿＿＿＿＿＿＿＿＿＿＿＿

④　＿＿＿＿＿＿＿＿＿＿＿＿＿＿＿＿＿＿＿＿

⑤　＿＿＿＿＿＿＿＿＿＿＿＿＿＿＿＿＿＿＿＿

6 听句子，写汉字。
Listen and write the characters.

1 _____

2 _____

3 _____

4 _____

5 _____

7 角色扮演。
Role-play.

Listen to and imitate the dialogue together with your partner. Try to get the meaning of the dialogue with the help of your friends, teachers or dictionaries.

8 文化体验。
Experience culture.

① 你听过越剧没有？找一张光盘或上网听一下。

② 你喜欢越剧还是京剧？为什么？

③ 你还知道别的中国地方戏吗？在互联网（hùliánwǎng, the Internet）
上查一查，给大家介绍一下。

读写练习 Reading and Writing Exercises

1 按正确的笔顺描汉字，并在后边的空格里写汉字。
Trace the characters following the correct stroke order. Then copy the characters in the blanks.

旦	丨冂日日旦	旦 旦					
戊	一丆戊戊戊	戊 戊					

2 在空格里写汉字，注意汉字的部件。
Write the characters in the blanks, paying attention to the character components.

yuè	走 + 戊	越						
suī	口 + 虫	虽						
dàn	亻 + 旦	但						
tuán	囗 + 才	团						
xì	又 + 戈	戏						
biàn	户 + 冊 + 辶	遍						
bù	立 + 口 + 阝	部						
qíng	忄 + 青	情						
gù	古 + 攵	故						
zuò	广 + 坐	座						
mèng	林 + 夕	梦						
jué	夕 + 用	角						
tè	牛 + 土 + 寸	特						
yōu	亻 + 尤	优						
gé	木 + 夂 + 口	格						
zhǒng	禾 + 中	种						
lèi	米 + 大	类						

fǎng	讠 + 方	访							
nán	又 + 隹	难							

3 给下列下形上声的形声字标注拼音，并把它们译成英文。

Mark *pinyin* for the following pictophonetic characters with the semantic components at the bottom and the phonetic components on the top. Then translate them into English.

（1）帮

（2）婆

（3）华

（4）照

（5）您

（6）愿

（7）想

（8）恭

4 为下列每组词语标注拼音，并译成英文。猜一猜没学过的词语的意思，并通过朋友、老师或词典来确认。

Mark *pinyin* for the following groups of words and phrases and then translate them into English. Try to guess the meanings of the words and phrases you haven't learned and then confirm them with the help of your friends, teachers or dictionaries.

（1）剧——京剧　　越剧

_____

_____

（2）方——地方　　南方　　北方　　东方　　西方

_____

_____

（3）情——爱情　　感情

_____

_____

（4）院——剧院　　医院　　学院　　电影院

_____

_____

（5）员——演员　　学员　　队员　　售票员　　售货员

_____

_____

（6）么——这么　　那么　　什么　　怎么　　多么

_____

_____

（7）特——特别　　特点　　特色

_____

_____

（8）见——再见　　看见　　听见　　梦见

_____

_____

5 为下列汉字添加部件，在↓下面组成学过的汉字，并在→后面组词。
Add character components to the following characters to form the characters and write them below ↓. Then make words/phrases after →.

（1）旦→

（2）票→

↓

（3）方→

↓

（4）非→

↓

（5）坐→

↓

（6）主→

↓

（7）中→

↓

（8）里→

↓

（9）车→

↓

（10）见→

↓

 6 根据拼音写汉字，或为汉字标注拼音。

Mark *pinyin* for the following characters and vice versa.

（1）liǎng ge zhǔjué de bù tóng fēnggé ＿＿＿＿＿＿＿＿＿＿＿＿＿＿＿＿＿

（2）qù Hángzhōu lǚxíng guo ＿＿＿＿＿＿＿＿＿＿＿＿＿＿＿＿＿

（3）rènshi tā yǐqián wǒ bù xiǎng jiéhūn ＿＿＿＿＿＿＿＿＿＿＿＿＿

（4）zhè jiàn héshì jí le ＿＿＿＿＿＿＿＿＿＿＿＿＿＿

（5）感人的故事 ＿＿＿＿＿＿＿＿＿＿＿＿＿＿＿＿＿

（6）读过西方古典小说 ＿＿＿＿＿＿＿＿＿＿＿＿＿＿＿

（7）打的去剧团 ＿＿＿＿＿＿＿＿＿＿＿＿＿＿＿

（8）特别优美的音乐 ＿＿＿＿＿＿＿＿＿＿＿＿＿＿

7 在"古"的左边和右边分别加上部件，组成学过的汉字。

Add a character component to each side of the character "古" to form the characters you learned.

	古	

8 用"一次"、"一遍"或"一下儿"填空。

Fill in the blanks with "一次", "一遍" or "一下儿".

（1）医生很快就来，你们等_____吧。

（2）苏州我没去过_____。

（3）这些文章，老师让我们再读_____。

（4）这是她第_____听越剧，你先给她介绍_____，好吗？

（5）《红楼梦》我读过_____，可是没有读完。

9 选择正确的答案。

Choose the correct answers.

（1）昨天的报纸_____说，今天的天气会很冷。

    A. 上   B. 下   C. 里   D. 听

（2）你想不想_____看一次电影《红楼梦》？

    A. 又   B. 不   C. 再   D. 还

（3）越剧演员都穿_____特别漂亮。

    A. 的   B. 得   C. 又   D. 很

（4）他从来_____听过这么好的音乐会。

    A. 就   B. 都   C. 不   D. 没

（5）我们学校上个月一共演了四_____电影。

    A. 遍   B. 部   C. 篇   D. 种

10 连接Ⅰ和Ⅱ两部分的词语，组成句子。

Make sentences by matching the words and phrases of Column Ⅰ with those of Column Ⅱ. Draw a line to connect each pair.

Ⅰ

留学生队常跟中国队比赛，

我没去过苏州，

演员虽然不太有名，

京剧和越剧风格不一样，

书店里有中国古典小说，

Ⅱ

但是我都特别喜欢。

今年一共比过六次。

也没看过园林。

也有西方古典小说。

可是他们演得非常感人。

11 用所给词语组成句子。

Make sentences with the words and phrases given.

（1）上海　这　我　过　从来　五　没有　年　回

　　→ _____

（2）句子　翻译　从来　我　过　难　这么　没有　的

　　→ _____

（3）吃饭　京剧　先　我们　看　再　吧

　　→ _____

（4）妈妈　是　以前　我　苏州　去　的　旅行　十年

　　→ _____

（5）可是　不一定　虽然　也　试一试　能　应该　赢

　　→ _____

12 用所给词语造句。

Make sentences with the words and phrases given.

（1）从来：_____

（2）虽然……但是……：_____

（3）有的……有的……：_____

（4）过：_____

（5）遍：_____

13 把下列陈述句变成含"虽然……但是／可是……"的句子。
Change the following sentences into the ones with "虽然……但是/可是……".

（1）我喜欢足球，我不会踢。

→ _____

（2）她不是我姐姐，她跟我姐姐一样好。

→ _____

（3）他会游泳，他游得不好。

→ _____

（4）你可以去看京剧，但可能看不懂。

→ _____

（5）他应该现在起床，但还没起。

→ _____

14 把下列句子译成英文。
Translate the following sentences into English.

（1）《红楼梦》里有一个男主角叫贾宝玉，还有一个女主角叫林黛玉。

_____

（2）那部电影的票卖得很好，因为它非常感人。

_____

（3）我虽然没有去过北京，但我在美国看过两次京剧。

_____

（4）她们都不是在有钱人家里出生的。

_____

（5）我来中国以后给妹妹寄过两张古典音乐的光盘，她让我再买三张。

_____

15 判断下列句子的语法是否正确。

Decide whether the following sentences are grammatically correct (√) or wrong (×).

（1）因为越剧很难学，但是她想试一试。　　　　　（　　）

（2）英国的一个剧团去年到中国去演出过。　　　　（　　）

（3）因为贾宝玉喜欢林黛玉，所以他送给她很多礼物。（　　）

（4）学习语言的时候，要先听老师读，再自己练习。（　　）

（5）我去过西安参观兵马俑。　　　　　　　　　　（　　）

16 根据本课"阅读与复述"中的短文内容回答问题。

Answer the following questions according to the pasage in "Reading Comprehension and Paraphrasing" of this lesson.

（1）《红楼梦》里有一个什么样的故事？

（2）贾宝玉是一个什么样的人？

（3）林黛玉是一个什么样的姑娘？

（4）林黛玉在哪一天烧了东西？她烧的是什么？为什么要烧？

（5）贾宝玉结婚以后为什么那么悲伤？

（6）你知道贾宝玉的奶奶是林黛玉的什么人吗？

17 回答下列问题。

Answer the following questions.

（1）你读过《红楼梦》吗？

（2）你出生在什么样的家里？

（3）如果你喜欢的人你的爸爸妈妈或者朋友不喜欢，你怎么办？

（4）你喜欢读什么样的书？喜欢看什么样的电影？

（5）你自己写过小说或者诗吗？请给大家介绍一下。

18 读短文，并做练习。

Read the passage and do the exercises.

　　一天，一家汽车公司的经理请一位法国朋友看①_____剧，他说："这个剧团是从②_____来的，是很有名的越剧团，今晚在北京长安大戏院演出《红楼梦》。我请你去看戏。"那位法国朋友说，来北京以后，他看③_____两次京剧，还没有看过越剧。经理请他看越剧，他当然非常高兴。

　　看④_____越剧以后，经理跟那位法国朋友分别的时候，经理说："你有空儿到我家去玩儿。"这是中国人分别时常说的一句客气话。回答时，可以说："好的，有空儿，我一定去。"可是，那位法国朋友很认真，他说："我很高兴去你家，什么时候去？"这位经理没想到他会这样回答，就说了一句："什么时候去，我以后再⑤_____你⑥_____电话。"

　　"哪天？今天是星期五，明天是⑦_____，我有空儿，明天怎么样？"

　　"明天恐怕不行。"经理说。

　　"明天行还是不行？"法国朋友又问。

　　经理回答说："明天不行。下星期六怎么样？"

生词　**New Words**

❶ 分别　　fēnbié　　V　　to say goodbye

❷ 认真　　rènzhēn　　A　　earnest

（1）Fill in the blanks with the proper words.

（2）Discuss.

中国人跟法国人在交朋友方面有什么不同？

19　**根据课文（二）完成下列短文，介绍一下儿中国的越剧。**
Complete the following passage introducing the Shaoxing opera in China according to Text Ⅱ of this lesson.

越剧是中国南方的地方戏。越剧的音乐特别优美，它的风格跟京剧不一样……

20　**用学过的汉字来描述一次过去的经历（不少于100字）。**
Use the characters you learned to describe one of your past experiences (more than 100 characters).

我们爬上长城来了

We have ascended the Great Wall.

第二十三课
Lesson
23

听说练习 Listening and Speaking Exercises

1 发音练习。
Pronunciation drills.

Read the following words and phrases aloud, paying special attention to the tone sandhis of "不".

不吃　不开　不说　不喝　不听

不同　不行　不来　不学　不读

不想　不买　不走　不跑　不懂

不看　不但　不错　不去　不用　不是　不大　不要　不坐

不参观　不学习　不旅行　不比赛　不敢当　不喜欢

不愿意　不认识　不介绍　不太长　不换钱　不见不散

来不来　找不找　好不好　能不能　去不去　对不起

听不懂　写不好

2~7

2 听问题，根据课文内容圈出正确的答案。
Listen to each question and circle the correct answer according to the texts.

① A. 先回家看爸爸妈妈　　　　　B. 先去爬长城

　　C. 先去泰山　　　　　　　　　D. 先去海南岛

② A. 王小云　　B. 宋华　　　C. 马大为　　D. 小燕子

③ A. 火车票　　B. 汽车票　　C. 机票　　　D. 戏票

④ A. 陈老师　　B. 孔子　　　C. 力波　　　D. 小燕子

⑤ A. 爬长城　　　　　　　　　　B. 游泳

　　C. 看优美的风景　　　　　　　D. 参观孔子教书的地方

3 听对话，并判断正误。

Listen to the following dialogue and decide whether the statements are true (T) or false (F) .

① 林娜没有爬上泰山去。　　　　　　　　　　　　　　　（　　）

② 泰山一共有 50 多级（jí, grade, level）台阶（táijiē, step）。　（　　）

③ 他们是在夜里（yèli, at night）爬山的。　　　　　　　（　　）

④ 宋华太累了，他先喝了点儿水。　　　　　　　　　　（　　）

⑤ 在泰山上看日出（rìchū, sunrise），真是美极了。　　（　　）

4 听句子，并填空。

Listen and fill in the blanks.

① 去欧洲旅行的建议是他提＿＿＿＿＿＿的。

② 在海南岛可以看优美的＿＿＿＿＿＿，还可以过＿＿＿＿＿的生活。

③ 你看，那边的长城多像一＿＿＿＿＿＿龙！

④ 他以前去＿＿＿＿＿＿泰山一次，但没有爬＿＿＿＿＿＿。

⑤ 下半场，右边的10号踢＿＿＿＿＿＿一个球＿＿＿＿＿＿。

5 听句子，写拼音。

Listen and write the sentences in *pinyin.*

① ＿＿＿＿＿＿＿＿＿＿＿＿＿＿＿＿＿＿＿＿＿＿＿＿

② ＿＿＿＿＿＿＿＿＿＿＿＿＿＿＿＿＿＿＿＿＿＿＿＿

③ ＿＿＿＿＿＿＿＿＿＿＿＿＿＿＿＿＿＿＿＿＿＿＿＿

④ ＿＿＿＿＿＿＿＿＿＿＿＿＿＿＿＿＿＿＿＿＿＿＿＿

⑤ ＿＿＿＿＿＿＿＿＿＿＿＿＿＿＿＿＿＿＿＿＿＿＿＿

6 听句子，写汉字。

Listen and write the characters.

① ＿＿＿＿＿＿＿＿＿＿＿＿＿＿＿＿＿＿＿＿＿＿＿＿

② ＿＿＿＿＿＿＿＿＿＿＿＿＿＿＿＿＿＿＿＿＿＿＿＿

③ _____

④ _____

⑤ _____

7 角色扮演。
Role-play.

Listen to and imitate the dialogue together with your partner. Try to get the meaning of the dialogue with the help of your friends, teachers or dictionaries.

8 文化体验。
Experience culture.

① 放假的时候和你的中国朋友一起出去旅行一次。回来以后，跟同学们说说你旅行的事儿。

② 你听说过张家界、九寨（zhài）沟、黄山和漓（Lí）江吗？你去过这些地方吗？查查这些地方在哪儿。

③ 找找从美国洛杉矶（Luòshānjī, Los Angeles）到中国北京的便宜机票，看谁能找到最便宜的机票。

 读写练习　Reading and Writing Exercises

1 按正确的笔顺描汉字，并在后面的空格里写汉字。
Trace the characters following the correct stroke order. Then copy the characters in the blanks.

山	丨 屮 山	山	山						
飞	乀 飞 飞	飞	飞						
义	丶 丷 义	义	义						
龙	一 ナ 尢 龙 龙	龙	龙						

| 雨 | 一 一 一 一 雨 雨 雨 雨 | 雨 | 雨 | | | | | | | |
| 成 | 一 厂 万 成 成 成 | 成 | 成 | | | | | | | |

2 在空格里写汉字，注意汉字的部件。
Write the characters in the blanks, paying attention to the character components.

pá	爪 ＋ 巴	爬								
jià	亻 ＋ 段	假								
suàn	竹 ＋ 目 ＋ 廾	算								
dǐng	丁 ＋ 页	顶								
yì	讠 ＋ 义	议								
wēn	氵 ＋ 日 ＋ 皿	温								
jǐng	日 ＋ 京	景								
yǒng	氵 ＋ 永	泳								
dōng	夂 ＋ 冫	冬								
xià	一 ＋ 自 ＋ 夂	夏								
dǎo	巳 ＋ 寸	导								
chéng	土 ＋ 成	城								
tài	夫 ＋ 水	泰								
dǎo	鸟 ＋ 山	岛								
kǒng	子 ＋ 乚	孔								
yàn	廿 ＋ 口 ＋ 丬 ＋ 匕 ＋ 灬	燕								

lèi	田 + 糸	累							
tiáo	夂 + 木	条							
pāi	扌 + 白	拍							
qiū	禾 + 火	秋							
yīn	阝 + 月	阴							
xuě	雨 + 彐	雪							
líng	雨 + 令	零							
dù	广 + 廿 + 又	度							

3 为下列每组词语标注拼音，并译成英文。猜一猜没学过的词语的意思，并通过朋友、老师或词典来确认。

Mark *pinyin* for the following groups of words and phrases and then translate them into English. Try to guess the meanings of the words and phrases you haven't learned and then confirm them with the help of your friends, teachers or dictionaries.

（1）放——放假　放心　放大　放行　放学

_____

_____

（2）旅——旅行　旅游　旅客　旅馆　旅店

_____

_____

（3）票——机票　车票　戏票　门票　发票

_____

_____

（4）顶——山顶　楼顶　房顶　屋顶　头顶

_____

（5）天——阴天　晴天　春天　夏天　秋天　冬天　热天　冷天

_____

_____

（6）度——零度　温度　热度　高度　长度

_____

_____

（7）色——景色　颜色　气色　红色　白色　黑色

_____

_____

（8）机——飞机　照相机　电视机　电话机　打字机

_____

_____

4 为下列汉字添加部件，在↓下面组成学过的汉字，并在→后面组词。

Add character components to the following characters to form characters below ↓.
Then make words/phrases after →.

（1）子 →

（2）京 →

（3）每 →

（4）白 →

（5）合 →

（6）音 →

↓

（7）也 →

↓

（8）生 →

↓

（9）气 →

↓

（10）自 →

↓

 5 根据拼音写汉字，或为汉字标注拼音。
Write characters according to *pinyin* and vice versa.

（1）wǒ tíle yí ge jiànyì _____

（2）jièshūzhèng bànhǎo le _____

（3）tā zhǎng de duō shuài a _____

（4）Hànyǔ yǔfǎ kǎo de mǎmǎhūhū _____

（5）泰山的雪景 _____

（6）天气要冷了 _____

（7）那部小说还没有看过 _____

（8）游过来游过去 _____

6 在"方"的每一边加一个部件，组成学过的汉字。

Add a character component to each side of the character "方" to form characters which we have learned.

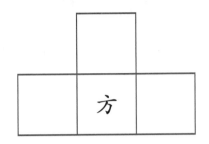

Key to Exercise 7 in Lesson 22: 姑，故，做

7 用"……来"或"……去"填空。

Fill in the blanks with "……来" or "……去".

（1）快_____楼_____，要吃饭了！

（2）张小刚的爸爸打过电话，问他为什么还没_____家_____。

（3）你借的书已经过期了，请快还_____图书馆_____。

（4）我们都在山顶，只有她一个人从山上跑_____了。

（5）今天上课的时候，一位老教授走_____教室_____。

8 用恰当的词填空。

Fill in the blanks with the proper words.

（1）机票已经买_____了，你怎么不想去了？

（2）孔子说："有朋自远方来，不亦乐乎？"这句话，你听说过_____？

（3）你们先坐_____休息一下儿，再吃点儿东西，山顶_____这儿还很远呢！

（4）山顶的景色真美，我拍_____很多_____照片。

（5）_____，我忘了告诉你，刚才你哥哥打_____一个电话。

9 连接Ⅰ和Ⅱ两部分的词语，组成句子。

Make sentences by matching the words and phrases of Column Ⅰ with those of Column Ⅱ. Draw a line to connect each pair.

Ⅰ
放假以后有的同学去旅行，
那双爬山的鞋
林娜爬上了泰山，
"有朋自远方来"里的"自"
王教授建议我们先读一点儿孔子的书，

Ⅱ
看到了泰山日出。
是"从"的意思。
有的回家去看爸爸、妈妈。
再去参观孔子教书的地方。
是他上车以前刚从商场买回来的。

10 用所给词语组成句子。

Make sentences with the words and phrases given.

（1）做　雪地　我们　上　雪人　个　了　一　在

　　→ ＿＿＿＿＿＿＿＿＿＿＿＿＿＿＿＿＿＿

（2）他　很多　妈妈　的　龙　给　过　讲　故事

　　→ ＿＿＿＿＿＿＿＿＿＿＿＿＿＿＿＿＿＿

（3）吗　请　好　我　一下儿　帮

　　→ ＿＿＿＿＿＿＿＿＿＿＿＿＿＿＿＿＿＿

（4）客厅　打扫　多　这么　的　大　啊　累

　　→ ＿＿＿＿＿＿＿＿＿＿＿＿＿＿＿＿＿＿

（5）不能　来　进　您　对不起　车　的　学校　开

　　→ ＿＿＿＿＿＿＿＿＿＿＿＿＿＿＿＿＿＿

11 用所给词语造句。

Make sentences with the words and phrases given.

（1）就要……了：＿＿＿＿＿＿＿＿＿＿＿＿＿＿

（2）……票已经……了：＿＿＿＿＿＿＿＿＿＿＿＿

（3）给……提建议：＿＿＿＿＿＿＿＿＿＿＿＿＿＿

（4）帮忙：_____

（5）多……啊：_____

12 用"要……了"完成下列句子。
Complete the following sentences with "要……了".

（1）今天下午天特别阴，_____。

（2）他们是昨天晚上上的火车，现在_____。

（3）快看，那儿的山顶已经红了，太阳（tàiyáng，sun）_____。

（4）_____，今天晚上我要请他们吃饭。

（5）_____，你得复习一下这些课文。

13 判断下列句子的语法是否正确。
Decide whether the following sentences are grammatically correct (✓) or wrong (✕).

（1）那部小说看过完没有？ （　　）

（2）泰山我去过一次，还想再去爬一次。 （　　）

（3）虽然饭已经做好了，但是他太累了，现在不想吃。 （　　）

（4）弟弟是导游，旅行的事儿她知道得很多。 （　　）

（5）长城这么美，我要多拍些照片寄回去家。 （　　）

14 根据本课"阅读与复述"中的短文内容回答问题。
Answer the following questions according to the passage in "Reading Comprehension and Paraphrasing" of this lesson.

（1）王贵比张才大还是张才比王贵大？

（2）为什么大家都说他们两个人就好像哥哥弟弟一样？

（3）那一天他们在山上看见了什么？

（4）看见熊以后，他们是怎么做的？

（5）大黑熊跟张才说什么了？

15 读短文，并做练习。
Read the passage and do the following exercises.

　　去年夏天放假以后，我和爷爷奶奶去加拿大旅行。我爸爸在加拿大当老师，他给我们买①＿＿＿＿＿了机票。我们是②＿＿＿＿＿上海坐飞机去加拿大的。到加拿大以后，我们跟爸爸、妈妈一起住。爸爸租了一套房子，有90平方米。房子前边是一个小花园，进门③＿＿＿＿＿边是卫生间，右边是厨房。客厅在厨房的北边，卧室在客厅的西边。卧室的左边是爸爸的书房，④＿＿＿＿＿边是客房。那儿的天气很好，虽然是夏天，但不太热。我们常去海边⑤＿＿＿＿＿泳。

　　吃了晚饭以后，爷爷喜欢出去散步。一天，他跟奶奶出去散步，已经是晚上九点⑥＿＿＿＿＿，他们还没有回家。爸爸着急了，因为爷爷奶奶都不会说英语，他们迷了路怎么办？就在这时候，他们回⑦＿＿＿＿＿了。爸爸问他们："你们去哪儿了？我还以为你们迷路了。"爷爷笑了笑，说："我不⑧＿＿＿＿＿说英语，我怕迷了路不能回家，所以我把我们这条路的名字写⑨＿＿＿＿＿了，这样就不怕迷路了。"爷爷从衣服里拿出一张纸给了爸爸。

　　"老爸，这是您写的路名？'NO EXIT'，这不是路名，是'此路不通'的意思。"

　　"啊？此路不通？！"

生词　New Words

①	散步	sàn bù	V O	to take a walk
②	迷路	mí lù	V O	to get lost
③	以为	yǐwéi	V	to think, to consider
④	怕	pà	V	to be afraid of

（1）Fill in the blanks of the passage with the proper words.

（2）Fill in the picture according to the above passage.

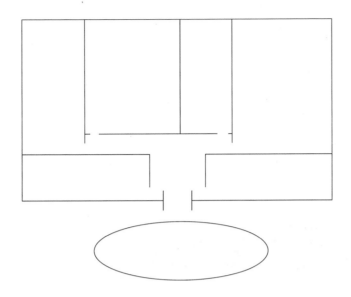

16 根据本课课文给你的朋友写一封短信，讨论假期的计划（不少于150字）。

Write a short letter to your friend according to the texts of this lesson to discuss your holiday plan (more than 150 characters).

17 阅读天气预报地图，并做练习。

Read the map of the weather forecast and do the exercises.

（1）Find out the air temperature and the weather condition of the following cities.

北京 _____

上海 _____

西安 _____

广州 _____

（2）Find out the date in this map：_____

（3）Can you figure out any other information?

_____

_____

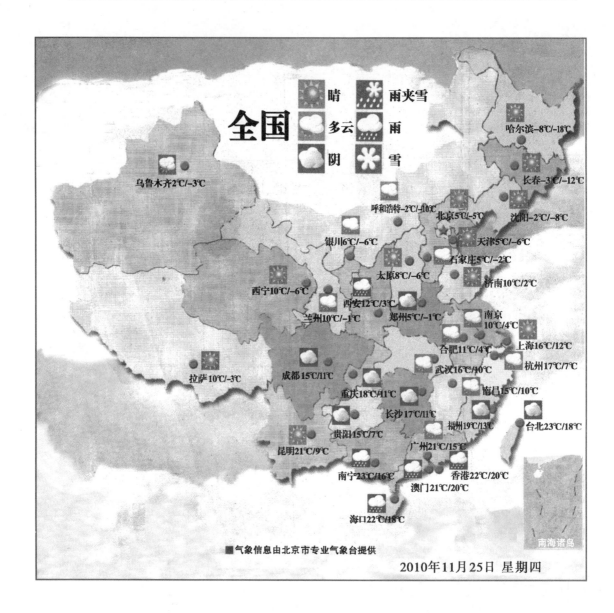

你舅妈也开始用电脑了

Your aunt began to use a computer, too.

听说练习　Listening and Speaking Exercises

1 发音练习。
Pronunciation drills.

Read the following words and phrases aloud, paying special attention to neutral tone.

红的　黑的　白的　短的　来了　查了　去过　写过　笑着　唱着
你呢　放心吧

妈妈　弟弟　姐姐　舅舅　坐坐　谢谢　等等　看看　介绍介绍
学习学习　祝贺祝贺

我们　你们　他们　咱们　桌子　儿子　妻子　样子　小伙子
小燕子

路上　身上　山下　村里　包里　左边　右边　前边　后边　东边
西边

送来　进来　起来　过去　出去　上去　走过来　拿上来　跑过去
取下去

这个　五个　这么　那么　怎么　怎么样

学生　东西　便宜　客气　丈夫　关系　告诉　什么　多少　聪明
朋友　时候　觉得　记得　喜欢　先生　衣服　麻烦　漂亮　时候
故事　消息

2 听问题，根据课文内容圈出正确的答案。
Listen to each question and circle the correct answer according to the texts.

① A. 小云的经理　　　　　　　　　B. 小云的舅舅

10
2~6

　　　　　C. 小云的男朋友　　　　　　　D. 小云的同学

② A. 上海　　　　　B. 北京　　　　　C. 南方　　　　　D. 加拿大

③ A. 旅行书　　　　B. 北京地图　　　　C. 火车票　　　　D. 照片

④ A. 从来没有　　　　　　　　　　B. 十年以前来过

　　　C. 来过两次　　　　　　　　　D. 来过一次

⑤ A. 舅舅的孩子　　B. 小云　　　　　C. 大学生　　　　D. 舅妈

3 听对话，并判断正误。

Listen to the following dialogue and decide whether the statements are true (T)
or false (F).

① 小云正在给舅舅打电话。　　　　　　　　（　　　）

② 小云的舅舅刚回到上海。　　　　　　　　（　　　）

③ 小云舅妈的身体以前不太好。　　　　　　（　　　）

④ 小云想跟她舅妈学习电脑。　　　　　　　（　　　）

⑤ 小云很想到舅舅家去看一看。　　　　　　（　　　）

4 听句子，并填空。

Listen and fill in the blanks.

① 有些农村人的生活水平_____城里人的_____高。

② 她上大学_____，也有男朋友_____。

③ 你_____听什么音乐呢?

④ 我_____读过英文的《红楼梦》，_____读过一点儿
中文的《红楼梦》。

⑤ 一个生词你_____不学，你怎么_____念课文呢?

5 听句子，写拼音。

Listen and write the sentences in *pinyin*.

① _____

② _____

③ _____

4 _____

5 _____

6 听句子，写汉字。
Listen and write the characters.

1 _____

2 _____

3 _____

4 _____

5 _____

读写练习　Reading and Writing Exercises

1 按正确的笔顺描汉字，并在后边的空格里写汉字。
Trace the characters following the correct stroke order. Then copy the characters in the blanks.

农	丶 一 冖 牜 农 农	农	农						
而	一 ｢ ｢ 丙 而 而	而	而						
入	ノ 入	入	入						

2 在空格里写汉字，注意汉字的部件。
Write the characters in the blanks, paying attention to the character components.

jiù	臼 ＋ 男	舅							
shū	艹 ＋ 正 ＋ 疏	蔬							

cài	⺌ + 采	菜								
biàn	亦 + 又	变								
hái	孑 + 亥	孩								
xiàng	丿 + 冋	向								
jí	纟 + 及	级								
xīn	立 + 十	辛								
kǔ	⺌ + 古	苦								
shōu	丩 + 攵	收								
gài	羊 + 皿	盖								
liàng	车 + 两	辆								
shì	亠 + 巾	市								
cūn	木 + 寸	村								
dī	亻 + 氐	低								
jì	扌 + 十 + 又	技								
guǎn	竹 + 官	管								

3 为下列外形内声的形声字标注拼音，并把它们译成英文。

Mark *pinyin* for the following pictophonetic characters with the semantic components outside and the phonetic components intside. Then translate them into English.

（1）园

（2）房

（3）府

（4）厅

（5）进

（6）历

（7）座

（8）裹

（9）远

4 为下列每组词语标注拼音，并译成英文。猜一猜没学过的词语的意思，并通过朋友、老师或词典来确认。

Mark *pinyin* for the following groups of words and phrases and then translate them into English. Try to guess the meanings of the words and phrases you haven't learned and then confirm them with the help of your friends, teachers or dictionaries.

（1）妈——妈妈　　　舅妈　　　姑妈　　　大妈

（2）农——农村　　　农民　　　农忙　　　农药

（3）年——中年　　　老年　　　新年　　　旧年

（4）学——大学　　　中学　　　小学　　　留学

（5）向——向左　　　向右　　　向前　　　向后

（6）术——技术　　　美术　　　学术　　　算术

（7）车——火车　　　汽车　　　出租车　　　公共汽车

_____

_____

5 为下列汉字添加部件，在↓下面组成学过的汉字，并在→后面组词。

Add character components to the following characters to form characters below ↓.
Then make words/phrases after →.

（1）黑→

　　↓

（2）里→

　　↓

（3）交→

　　↓

（4）中→

　　↓

（5）男→

　　↓

（6）化→

　　↓

（7）两→

　　↓

（8）且→

　　　↓

（9）坐→

　　　↓

（10）气→

　　　↓

6 根据拼音写汉字，或为汉字标注拼音。
Write characters according to *pinyin* and vice versa.

（1）jiùjiu yě cuò le ＿＿＿＿＿＿＿＿＿＿＿＿＿＿

（2）jiāoqū de jǐngsè ＿＿＿＿＿＿＿＿＿＿＿＿＿＿

（3）mǎi yì zhāng dìtú chácha ＿＿＿＿＿＿＿＿＿＿

（4）diànnǎo guǎnlǐ hěn fāngbiàn ＿＿＿＿＿＿＿＿

（5）一家蔬菜公司 ＿＿＿＿＿＿＿＿＿＿＿＿＿＿＿

（6）认识不认识上海人 ＿＿＿＿＿＿＿＿＿＿＿＿＿

（7）一路辛苦了 ＿＿＿＿＿＿＿＿＿＿＿＿＿＿＿＿

（8）这些年的变化 ＿＿＿＿＿＿＿＿＿＿＿＿＿＿＿

7 在"立"的每一边添加一个部件，组成学过的汉字。
Add a character component to each side of the character "立" to form characters which we have learned.

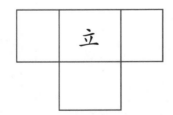

8 用"因为……所以……"、"虽然……但是/可是……"或"不但……而且……"填空。
Fill in the blanks with "因为……所以……", "虽然……但是/可是……" or "不但……而且……".

（1）他_____买了汽车，_____还不会开。

（2）小张_____是我的同学，_____是我的好朋友。

（3）_____泰山是中国有名的大山，_____很多外国人都想去那儿旅行。

（4）天气冷了，_____每天都有大风，_____下了三次雪。

（5）_____天气冷了，_____奶奶每天都起得很早，去公园锻炼。

9 选择正确的答案。
Choose the correct answers.

（1）_____我觉得那个人像老张，大家也都觉得他像。

　　A. 因为　　B. 虽然　　C. 可能　　D. 不但

（2）他正在向一个北京人问路_____。

　　A. 吧　　　B. 吗　　　C. 呢　　　D. 啊

（3）农民的文化水平_____城里人的低一些。

　　A. 和　　　B. 比　　　C. 跟　　　D. 还

（4）中国大学生常常从上午八点_____下午四点都有课。

　　A. 就　　　B. 到　　　C. 和　　　D. 而且

（5）你_____听什么呢？

　　A. 没有　　B. 不　　　C. 正在　　D. 也在

10 连接Ⅰ和Ⅱ两部分的词语，组成句子。
Make sentences by matching the words and phrases of ColumnⅠwith those of
ColumnⅡ. Draw a line to connect each pair.

Ⅰ	Ⅱ
可不是，	而且还常帮助他同学复习语法。
从北京到广州很远，	他向大家介绍了很多地方。
这儿的农民不种蔬菜了，	比从北京到上海远得多。
我弟弟不但自己学得好，	他的汉语水平提高得真快。
王大生是一个很好的导游，	他们正在种葡萄呢。

11 用所给词语组成句子。
Write sentences with the words and phrases given.

（1）又　楼　小区　了　盖　六层　我们　三座　的　高

→ _____

（2）主角　个　她　有名　那　很　的　电影　像　女

→ _____

（3）家里　以前　比　多　收入　的　了　好

→ _____

（4）城里　的　低　郊区　比　房租　的

→ _____

（5）路上　您　了　好　辛苦

→ _____

12 用所给词语造句。
Make sentences with the words and phrases given.

（1）不但……而且……：_____

（2）可不：_____

（3）向……走来：_____

（4）比……还……：_____

（5）正在……呢：_____

13 把下列句子改写成含"了②"的句子。
Change the following sentences into the ones with the particle "了②".

（1）昨天的气温是12℃。今天的气温是10℃。

→ _____

（2）弟弟去年二年级。他今年三年级。

→ _____

（3）她过去没有男朋友。她现在有男朋友。

→ _____

（4）他舅舅以前没有买汽车。他舅舅这个月买了汽车。

　　　　→ _____

（5）我十年以前认识那个地方。我现在不认识那个地方。

　　　　→ _____

14 把下列句子译成英文。
Translate the following sentences into English.

（1）宋华的舅舅家今年不但盖了小楼，而且还盖了一座温室。

_____

（2）可不，在广州冬天也特别暖和。

_____

（3）你妹妹也是大学生了吧？她现在上几年级了？

_____

（4）这个小孩正在发烧呢！得赶快送她到医院去。

_____

（5）上海郊区的温室蔬菜是用什么管理的？

_____

15 判断下列句子的语法是否正确。
Decide whether the following sentences are grammatically correct (✓) or wrong (✕).

（1）他不但是我的同学，而且不是我的朋友。　　　　　（　　）

（2）昨天下午他来找我的时候，我上课。　　　　　（　　）

（3）圣诞节晚上妈妈给我打电话的时候，我正在看京剧呢。（　　）

（4）不但他们家盖了小楼，也我们家盖了小楼。　　　（　　）

（5）中国不但有五个自治区，还有两个特别行政区。　（　　）

16 根据本课"阅读与复述"中的短文内容判断正误。
Decide whether the statements are true (T) or false (F) according to the text in "Reading Comprehension and Paraphrasing" of this lesson.

（1）这个故事是在一个很冷的秋天。　　　　　（　　）

（2）士兵在外边站岗，将军在房子里喝酒。　（　　）

（3）因为穿得太少，所以那个士兵特别冷。　　　（　　）

（4）将军喝得太多了，觉得有点儿不舒服。　　　（　　）

（5）那个士兵很想和将军换一换地方。　　　　　（　　）

17 **回答下列问题。**
Answer the following questions.

（1）你现在有工作吗？是什么样的工作？

（2）学中文的学生找工作容易吗？

（3）你以后想找一个什么样的工作？为什么？

（4）在你们国家，什么人的收入和生活水平高？为什么？

（5）你是什么时候开始用电脑的？

（6）你能在电脑上用中文打字吗？是跟谁学的？

18 **读短文，并和你的语伴讨论问题。**
Read the passage and discuss with your partner.

　　我有一个好朋友，他叫约翰，是我们公司营业部的经理。他学习汉语很努力。现在，他汉语说得跟北京人一样。可是，刚来北京的时候，因为学说汉语，他也闹了不少笑话。有一次，我记得是约翰刚到北京的一个星期六，我们营业部的三个年轻人请他去饭馆吃晚饭。四个人要了四个凉菜、六个热菜。桌子上都放满了。我站起来说："约翰先生，我们请您在这儿吃顿便饭，希望您吃得高兴。祝您在北京工作愉快，身体健康，干杯！"

　　约翰也站起来用汉语说："谢谢大家，你们太客气了，要了这么多菜，还说是一顿便饭。如果说这是一顿便饭，那真是一顿大便饭。"他说完"大便饭"三个字，我们都笑了。约翰还以为这个词用得很好，又说了一遍："我说的不是客气话，真是大便饭。"

生词　New Words

1. 闹　nào　V　to make
2. 笑话　xiàohua　N　funny mistake, joke
3. 凉菜　liángcài　N　cold dish
4. 满　mǎn　A　full
5. 大便　dàbiàn　N　stool, shit

Discuss:

"便饭"是什么意思？"大便"又是什么意思？约翰为什么会闹笑话？

19　根据本课课文写一段短文，介绍王小云的舅舅和舅妈（不少于150字）。
Write a short paragraph according to the texts of this lesson to introduce Wang Xiaoyun's uncle and aunt (more than 150 characters).

20　用下列词语来描述一次找工作的经历（至少用8个）。
Use at least 8 words and phrases from the following list to describe one of your experiences of job-hunting.

了② 收入 比 ……的时候 正在 用……管理 技术 低 方便
辛苦 郊区 不但……而且…… 从……到…… 跟……一起 变化
喜欢 电脑 汉语 常常

21 阅读下面的中国政区图，找到下列省、市、自治区和特别行政区的位置。

Read the China Administrative Map and find the locations of the following provinces, cities autonomous regions and special administrative regions.

（1）北京市　　　　　　　　（8）山东省

（2）上海市　　　　　　　　（9）台湾省

（3）重庆市　　　　　　　　（10）西藏自治区

（4）陕西省　　　　　　　　（11）内蒙古自治区

（5）江苏省　　　　　　　　（12）广西壮族自治区

（6）浙江省　　　　　　　　（13）澳门特别行政区

（7）海南省　　　　　　　　（14）香港特别行政区

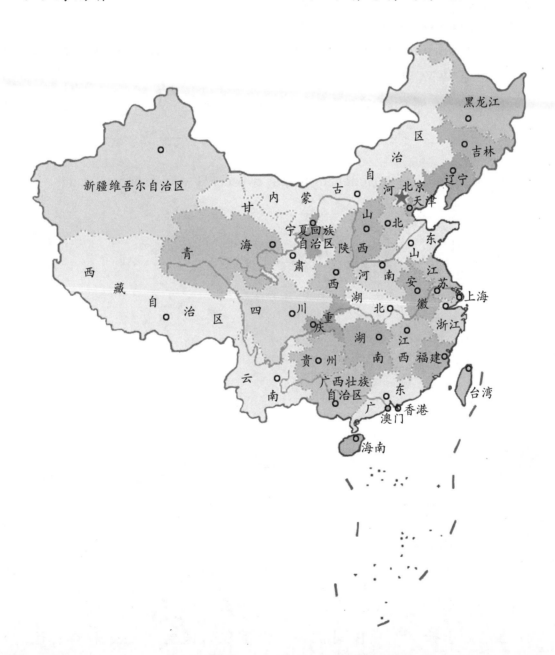

司机开着车送我们到医院

The driver drove us to the hospital.

听说练习 Listening and Speaking Exercises

1 发音练习。
Pronunciation drills.

① Read the following words and phrases aloud, paying special attention to the retroflex ending.

这儿　那儿　哪儿　花儿　画儿　事儿　玩儿　小孩儿　男孩儿

女孩儿　孙女儿　一点儿　有点儿　一会儿　一下儿　画画儿

② Can you read the following tongue twister? How fast can you read it?

四是四，

十是十，

十四是十四，

四十是四十，

四十四是四十四，

十四不是四十，

四十不是十四。

11
2~7

2 听问题，根据课文内容圈出正确的答案。
Listen to each question and circle the correct answer according to the texts.

① A. 生病了　　　　　　B. 撞伤了人

　　C. 被撞伤　　　　　　D. 她开的车被撞了

② A. 那位司机　　　　　B. 医院的人

　　C. 宋华　　　　　　　D. 小云

③ A. 小云　　　B. 司机　　　C. 医院的医生　　　D. 林娜自己

④　A. 非常重　　　B. 不太重　　　C. 特别重　　　D. 只撞伤了头和腿

⑤　A. 正在开车　　　　　　　B. 正在看电影

　　C. 正在拿东西　　　　　　D. 正在往左拐

3　听对话，并判断正误。

Listen to the following dialogue and decide whether the statements are true (T) or false (F).

① 给大为打电话的是刘老师。　　　　　　　　　　（　　）

② 大为上个星期天早上丢了一辆自行车。　　　　　（　　）

③ 大为的自行车是黑色的。　　　　　　　　　　　（　　）

④ 大为丢了自行车以后，没有告诉派出所。　　　　（　　）

⑤ 派出所找到了大为的自行车。　　　　　　　　　（　　）

4　听句子，并填空。

Listen and fill in the blanks.

① 她穿＿＿＿＿一件红色的旗袍，手里拿＿＿＿＿一束花＿＿＿＿我
　们走过来。

② 我弟弟＿＿＿＿一个不好的习惯，他总是喜欢躺＿＿＿＿看书。

③ 林娜虽然＿＿＿＿撞伤了，＿＿＿＿伤得不太重。

④ 他住＿＿＿＿建国门，我去了两次，都没找＿＿＿＿他。

⑤ ＿＿＿＿你明天不能来，＿＿＿＿给我们打个电话。

5　听句子，写拼音。

Listen and write the sentences in *pinyin*.

① ＿＿＿＿＿＿＿＿＿＿＿＿＿＿＿＿＿＿＿＿＿＿

② ＿＿＿＿＿＿＿＿＿＿＿＿＿＿＿＿＿＿＿＿＿＿

③ ＿＿＿＿＿＿＿＿＿＿＿＿＿＿＿＿＿＿＿＿＿＿

④ ＿＿＿＿＿＿＿＿＿＿＿＿＿＿＿＿＿＿＿＿＿＿

⑤ ＿＿＿＿＿＿＿＿＿＿＿＿＿＿＿＿＿＿＿＿＿＿

6 听句子，写汉字。
Listen and write the characters.

① _____

② _____

③ _____

④ _____

⑤ _____

7 角色扮演。
Role-play.

Listen to and imitate the dialogue together with your partner. Try to get the meaning of the dialogue with the help of your friends, teachers or dictionaries.

读写练习　*Reading and Writing Exercises*

1 按正确的笔顺描汉字，并在后边的空格里写汉字。
Trace the characters following the correct stroke order. Then copy the characters in the blanks.

壬	一 二 千 壬	壬	壬					
柬	一 ㄱ 冂 冃 申 束 柬	柬	柬					

2 按正确的笔顺描写汉字，并在后边的空格里写汉字。
Trace the characters following the correct stroke order. Then copy the characters in the blanks.

bèi	衤 + 皮	被						
zhuàng	扌 + 立 + 里	撞						

shāng	亻 + ㇓ + 力	伤						
dì	竹 + 弓 + 丨 + 丿	第						
jiǎn	木 + 佥	检						
wán	宀 + 元	完						
gē	月 + 夂 + 口	胳						
bó	月 + 甫 + 寸	膊						
tuǐ	月 + 艮 + 辶	腿						
qí	马 + 大 + 可	骑						
zhù	氵 + 主	注						
tíng	亻 + 亠 + 口 + 冖 + 丁	停						
rú	女 + 口	如						
tǎng	身 + 尚 + 回	躺						
shì	礻 + 见	视						
zhuō	卓 + 木	桌						
jié	纟 + 士 + 口	结						
wān	亦 + 弓	弯						
dǎo	亻 + 至 + 刂	倒						
méi	雨 + 𠂉 + 母	霉						
huài	土 + 不	坏						

xiāo	氵 + ⺌ + 月	消							
tōu	亻 + 八 + 一 + 月 + 刂	偷							
pài	氵 + 厂 + 氏	派							
zhuā	扌 + 爪	抓							
diū	丿 + 去	丢							

3 写出学过的形声字，并以下列汉字为声旁。

Write the pictophonetic characters you have learned with the following characters as their phonetic components.

（1）巴：

（2）马：

（3）方：

（4）古：

（5）青：

（6）正：

（7）式：

（8）元：

（9）气：

（10）里：

4 为下列每组词语标注拼音，并译成英文。猜一猜没学过的词语的意思，并通过朋友、老师或词典来确认。

Mark *pinyin* for the following groups of words and phrases and then translate them into English. Try to guess the meanings of the words and phrases you haven't learned and then confirm them with the help of your friends, teachers or dictionaries.

（1）医——医生　　医院　　医药费

_____

_____

（2）车——开车　　骑车　　坐火车

_____

_____

（3）电——电视　　电影　　电脑　　电话

_____

_____

（4）片——名片　　照片　　明信片

_____

_____

（5）以——以前　　以后　　以上　　以下

_____

_____

5 根据拼音写汉字，或为汉字标注拼音。_____
Write characters according to *pinyin* and vice versa.

（1）gēbo zhǐnéng wānzhe _____

（2）nà tào xīfú bèi mǎizǒu le _____

（3）rúguǒ xià xuě jiù zāogāo le _____

（4）zěnme zhème bú zhèngcháng _____

（5）撞伤了一位将军 _____

（6）丢了一个笔记本电脑 _____

（7）正在饭馆里喝酒 _____

（8）把一束很美的花放在桌上 _____

6 用恰当的汉字填空。_____
Fill in the blanks with the proper characters.

（1）这张北京地图我看了一_____。北京的_____化真大，别的
不说，现在出门坐车就很方_____，有出租车、公共汽车，还
有地铁。　　　　　　　　　　　　　　　（便　边　变　遍）

（2）他是＿＿＿＿一次来这个＿＿＿＿方，我比他大两岁，我是他哥哥，他

　　　是我＿＿＿＿。　　　　　　　　　　　　　　（低　地　第　弟）

（3）导＿＿＿＿小姐介绍，花园小区的＿＿＿＿边有一个大＿＿＿＿局，它

　　　旁边是银行，可以在那儿换＿＿＿＿。小区的南边有一个＿＿＿＿泳

　　　馆，＿＿＿＿天也可以泳。小区＿＿＿＿边有一个公共汽车站，离车站

　　　不远是加＿＿＿＿站。　　　　　　（油　游　邮　东　冬　前　钱）

（4）他在一家大＿＿＿＿司找到了＿＿＿＿作，我们应该＿＿＿＿喜他。

　　　　　　　　　　　　　　　　　　　　　　　　（工　恭　共　公）

（5）他想请你给他介绍一下儿中国文＿＿＿＿，特别是中国＿＿＿＿，你就

　　　用普通＿＿＿＿介绍吧。　　　　　　　　　　（花　化　话　画）

---

7 在"且"的每一边添加一个部件，组成学过的汉字。

Add a character component to each side of the character "且" to form characters you learned.

Key to Exercise 7 in Lesson 24：位，辛，站

---

8 用"着"、"到"或"在"填空。

Fill in the blanks with "着", "到" or "在".

（1）他们正躺＿＿＿＿看电视呢。

（2）我们已经学＿＿＿＿第二十五课了。

（3）现在他不住＿＿＿＿家里，住＿＿＿＿学校的宿舍里去了。

（4）妹妹还在看＿＿＿＿书，她总是学＿＿＿＿晚上11点多。

（5）那辆公共汽车坏了，现在还停＿＿＿＿路边。

---

9 用恰当的词填空。

Fill in the blanks with the proper words.

（1）胳膊＿＿＿＿不太疼，＿＿＿＿这样弯着很不舒服。

（2）他的眼睛红了，不能看书，医生让他躺_____床_____休息一

天。

（3）我小的_____，妈妈每天都开_____车送我去学校上课。

（4）我新买的自行车_____小偷偷_____了。

（5）她正打_____电话_____，现在不能下楼_____。

10 连接Ⅰ和Ⅱ两部分的词语，组成句子。

Make sentences by matching the words and phrases of Column Ⅰ with those of
Column Ⅱ. Draw a line to connect each pair.

Ⅰ

真糟糕，我的钱被偷了，

这是她的错，

如果宿舍的电视有问题，

先向前走200米，

他们家的门开着呢，

Ⅱ

你为什么要给她交医药费？

你能先借我一点儿钱吗？

再往右拐就到了。

家里一定有人。

就打电话告诉办公室的陈老师。

11 用所给词语组成句子。

Make sentences with the words and phrases given.

（1）想　如果　来　你　来　就　吧

→ _____

（2）您　吧　先　里边　请　到　一下儿　休息

→ _____

（3）撞　她　了　照相机　的　被　新　坏

→ _____

（4）那　《红楼梦》　英文　部　借　被　的　没有　走

→ _____

（5）球　踢　他们　呢　上　正在　着　足球场

→ _____

12 用所给词语造句。

Make sentences with the words and phrases given.

（1）到……去：_____

（2）被：_____

（3）如果……就……：_____

（4）V＋着……呢：_____

（5）以为：_____

13 把下列句子改写成"被"字句。

Change the following sentences into the ones with "被".

For example：汽车撞伤了林娜。→林娜被汽车撞伤了。

（1）弟弟拿走了我的照相机。

→_____

（2）别人借走了我的词典。

→_____

（3）爸爸开走了舅舅的汽车。

→_____

（4）他把球踢进去了。

→_____

（5）农民们请技术人员去上课。

→_____

14 把下列句子译成英文。

Translate the following sentences into English.

（1）如果自行车没有被小偷偷走，我就可以骑着车去公园了。

_____

（2）我们带着一束花去医院看王老师，从开着的门可以看到王老师正在看电视呢。

_____

（3）如果能买到飞机票，我们马上就出发。

_____

（4）那辆出租车停错了地方，所以司机被警察罚款了。

_____

（5）妈妈给我做的生日蛋糕都被妹妹和她的同学吃了，因为我和妹妹是
在一天出生的。

_____

_____

15 判断下列句子的语法是否正确。

Decide whether the following sentences are grammatically correct (✓) or wrong (×).

（1）士兵站在很冷的风雪里，将军睡在很热的卧室里。　　（　　）

（2）躺着看电视对眼睛不太好。　　（　　）

（3）我正在复习课文，复习课文就去吃饭。　　（　　）

（4）照片都被孩子拍坏了。　　（　　）

（5）你被如果汽车撞了，汽车就糟糕了。　　（　　）

16 根据本课"阅读与复述"中的短文内容判断正误。

Decide whether the statements are true (T) or false (F) according to the text in "Reading Comprehension and Paraphrasing" of this lesson.

（1）今天是张大力女儿的生日。　　（　　）

（2）张大力送给女儿一条很美的项链。　　（　　）

（3）张大力和女儿先去看戏，再去吃饭。　　（　　）

（4）他们是坐公共汽车回家的。　　（　　）

（5）打110电话可以叫警车来。　　（　　）

（6）张大力以前抓过九十九个坏人。　　（　　）

（7）那个坏人被张大力送到了派出所。　　（　　）

17 回答下列问题。

Answer the following questions.

（1）如果你生病了，去什么地方看病？是你自己交医药费还是有保险
（bǎoxiǎn, insurance）？

（2）你住过院吗？在你们那儿，住院的医药费贵不贵？每天都可以去医院
　　　看住院的病人吗？

（3）你会不会开车？如果会，是在什么地方学的？学费贵不贵？

（4）你丢过东西吗？如果丢过，说说你丢过什么，是怎么丢的。

（5）你有过什么倒霉的事儿吗？

18　读短文，并和你的语伴讨论问题。
Read the passage and discuss the questions with your partner.

　　很久以前，张家村有一个人叫张万。他家有很多很多的山地。

　　有一次，张万要卖一块山地。王家村的王老五想买，他请人去讲好
了价钱，还要写一张地契。张万说："这块山地我卖给你，只有那棵柿
树是我自己种的，我不想卖。请把它写在地契上，好吗？"

　　王老五心想，山上有那么多的树，只留一棵柿树不卖，没关系。他
就说："好，在地契上写上'柿树不卖'。"写地契的人以为是"是树
不卖"，就这样写了。写完以后，又念了一遍，两家都同意。

　　因为"柿树"写成了"是树"，两家的儿子还打了一场官司，结果
是张家打赢了官司。张万的儿子说，他爸爸只卖山地，不卖树木，地契
上写得很清楚，"是树不卖"。

生词　New Words

1	山地	shāndì	N	mountainous region
2	价钱	jiàqian	N	cost; price
3	地契	dìqì	N	title deed for land
4	柿树	shìshù	N	persimmon tree
5	官司	guānsi	N	lawsuit

Discuss:

　　两家的儿子为什么打了一场官司？张万的儿子为什么能打赢官司？

你觉得谁应该赢？

19 用下列词语来描述林娜骑自行车撞上汽车的事故（至少用8个）。

Use at least 8 words and phrases from the following list to describe the accident that Lin Na collided her bike with a car.

V+完　着　V+在　从　往……拐　……时候　V+到　是……的　被
送　交　给　如果……就……　还以为　还好　糟糕　胳膊　右腿

20 看下列病历手册、处方单和收费单，把它们和你们国家的作比较，并和你的语伴讨论异同。

Read the following medical record, prescription and charge receipt, and compare them with the ones in your country. Discuss the similarities and differences with your partner.

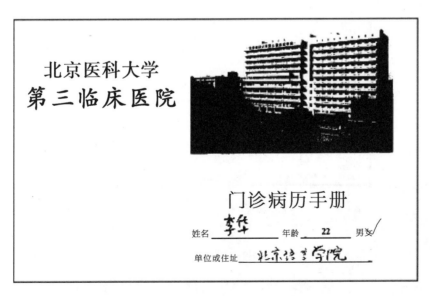

北京医科大学
第三临床医院

门诊病历手册

姓名　李华　　年龄　22　　男女✓

单位或住址　北京语言学院

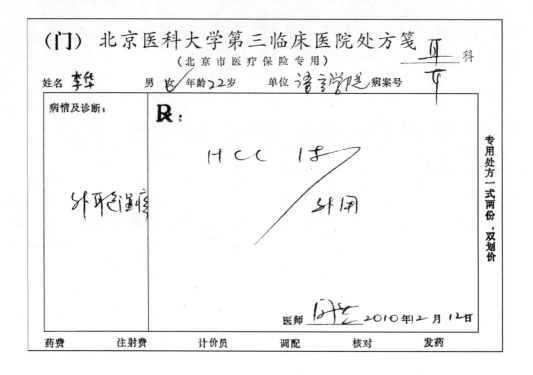

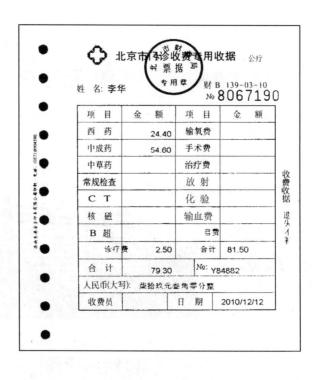

你快要成"中国通"了

You are almost becoming a China hand.

（复习　Review）

听说练习　Listening and Speaking Exercises

1 发音练习。
Pronunciation drills.

① Can you read the following tongue twister? How fast can you read it ?

你说船（chuán, boat）比床长，

他说床比船长，

我说船不比床长，

床不比船长，

船床一样长。

② Read the ancient poem.

春晓	Chūn Xiǎo
孟浩然	Mèng Hàorán
春眠不觉晓，	Chūn mián bù jué xiǎo,
处处闻啼鸟。	Chù chù wén tí niǎo.
夜来风雨声，	Yè lái fēng yǔ shēng,
花落知多少？	Huā luò zhī duō shǎo?

2 听问题，根据课文内容圈出正确的答案。

12
2~7

Listen to each question and circle the correct answer according to the texts.

① A. 一个月了　　B. 快一年了　　C. 十个月了　　D. 一年了

② A. 每天都吃　　　　　　　B. 不太习惯

C. 非常喜欢　　　　　　　D. 不但喜欢，而且会做

③ A. 因为他特别喜欢中国。 B. 因为他爱吃中餐。

C. 因为他爸爸是中国人。 D. 因为他妈妈是中国人。

④ A. 来中国留学 B. 跟中国人聊天

C. 跟中国人结婚 D. 找个妻子

⑤ A. 宋华 B. 力波 C. 大为 D. 老师和同学们

3 听对话，并判断正误。

Listen to the following dialogue and decide whether the statements are true (T) or false (F).

① 林娜很喜欢做中国菜。 （ ）

② 中国菜有很多种。 （ ）

③ 宋华的妈妈是有名的大厨师。 （ ）

④ 林娜虽然喜欢在中国生活，可是她并不想变成"中国通"。 （ ）

⑤ 宋华建议林娜跟中国人结婚。 （ ）

4 听句子，并填空。

Listen and fill in the blanks.

① _____能在中国多学一年，他们的汉语水平一定就会比现在还高。

② 林娜是到中国以后_____开始学做中国菜_____。

③ 大家都_____中国文化很_____兴趣。

④ 认识_____这些中国朋友以后，我_____知道了中国的情况，_____学会了做中国菜。

⑤ 出国以后，他爱_____西服，爱_____西餐，还爱_____西方古典音乐，好像有点儿_____化了。

5 听句子，写拼音。

Listen and write the sentences in pinyin.

① _____

② _____

3 _____

4 _____

5 _____

6 听句子，写汉字。

Listen and write the characters.

1 _____

2 _____

3 _____

4 _____

5 _____

7 文化体验。

Experience culture.

　　请你的中国朋友到你们家吃饭，让他／她教你做一个中国菜。

再给你的同学介绍一下儿你是怎么做中国菜的。

读写练习　Reading and Writing Exercises

1 按正确的笔顺描汉字，并在后边的空格里写汉字。

Trace the characters following the correct stroke order. Then copy the characters in the blanks.

史	丶口口史史	史	史					
歹	一ア歹歹	歹	歹					
丈	一ナ丈	丈	丈					
夫	一二丰夫	夫	夫					

2 在空格里写汉字，注意汉字的部件。

Write the characters in the blanks, paying attention to the character components.

kuàng	冫 + 口 + 儿	况						
lì	厂 + 力	历						
bó	十 + 甫 + 寸	博						
jǔ	兴 + 丰	举						
lǎn	⺍ + 见	览						
qù	走 + 耳 + 又	趣						
è	饣 + 我	饿						
sǐ	歹 + 匕	死						
liáo	耳 + 卯	聊						
qī	一 + 肀 + 女	妻						
huǒ	亻 + 火	伙						
shēng	士 + 尸	声						
diào	讠 + 刀 + 土 + 口	调						
nǔ	女 + 又 + 力	努						
péi	阝 + 立 + 口	陪						

3 为下列汉字标注拼音，并组词。

Mark *pinyin* for the following characters and then form words and phrases with them.

For example：丈 zhàng （丈夫）　　文 wén （文化）

（1）儿 _____ （　　　　）　　　　几 _____ （　　　　）

（2）石_____ （　　　　） 右_____ （　　　　）

（3）刀_____ （　　　　） 力_____ （　　　　）

（4）入_____ （　　　　） 人_____ （　　　　）

（5）部_____ （　　　　） 陪_____ （　　　　）

（6）夫_____ （　　　　） 天_____ （　　　　）

（7）练_____ （　　　　） 炼_____ （　　　　）

（8）孩_____ （　　　　） 该_____ （　　　　）

（9）放_____ （　　　　） 访_____ （　　　　）

（10）明_____ （　　　　） 朋_____ （　　　　）

（11）错_____ （　　　　） 借_____ （　　　　）

（12）请_____ （　　　　） 情_____ （　　　　）

（13）住_____ （　　　　） 注_____ （　　　　）

（14）谁_____ （　　　　） 难_____ （　　　　）

（15）种_____ （　　　　） 钟_____ （　　　　）

4 为下列每组词语标注拼音，并译成英文。猜一猜没学过的词语的意思，并通过朋友、老师或词典来确认。

Mark *pinyin* for the following groups of words and phrases and then translate them into English. Try to guess the meanings of the words and phrases you haven't learned and then confirm them with the help of your friends, teachers or dictionaries.

（1）特——特别　特点　特色　特长

_____

_____

（2）餐——中餐　西餐　晚餐　早餐　午餐　正餐

_____

_____

（3）文——文化　文学　文字

_____

_____

（4）馆——博物馆　展览馆　图书馆　茶馆　饭馆　咖啡馆

_____

_____

（5）化——中国化　城市化　知识化　绿化　现代化

_____

_____

5 写出学过的形声字，并以下列偏旁为形旁。

Write the pictophonetic characters you have learned with the following radicals as their semantic components.

（1）口 ：

（2）木 ：

（3）扌：

（4）禾 ：

（5）亻：

（6）礻：

（7）饣：

（8）讠：

（9）辶：

（10）扌：

（11）钅：

（12）氵：

（13）艹：

（14）宀：

（15）攵：

（16）刂：

6 根据拼音写汉字，或为汉字标注拼音。

Write characters according to *pinyin* and vice versa.

（1）shēngdiào hěn bù róngyì xuéhǎo _____

（2）duì péngyou fēicháng rèqíng _____

（3）tīng tā shuōwán cái dǒng _____

（4）péi qīzi qù Wángfǔjǐng _____

（5）吃得很舒服 _____

（6）那位音乐家的经验 _____

（7）多见几次就熟悉了 _____

（8）用流利的汉语聊天 _____

7 用恰当的汉字填空。
Fill in the blanks with the proper characters.

（1）这是丁力波写_____汉字，他汉字写_____很漂亮。每天他都要写半

个小时_____汉字。 （的 得）

（2）林娜做完了_____习，就去锻_____身体。昨天下午游泳的时候，她

的项_____丢了。 （链 练 炼）

（3）你们有_____个人？现在你们在哪_____？你们就在那儿等我，我___

___点半开车去接你们。 （儿 几 九）

（4）现在_____经十二点了，我们都吃完午饭了，只有你自_____还没有

吃。 （己 已 巳）

（5）这是什么_____方？我们都是_____一次来这儿，我要你们在这儿等

我，你_____呢？他去哪儿了？ （弟 地 第）

8 猜字谜。
Character riddle.

太阳前边走，

月亮后面跟。

早晨起来看，

它们一起行。

（The key is a character.）

9 用"才"或"就"填空。
Fill in the blanks with "才" or "就".

（1）昨天早上他来得很早，六点十分＿＿＿＿＿＿到了。

（2）这篇课文我看了五遍＿＿＿＿＿＿看懂。

（3）你们在中国＿＿＿＿＿＿两个月，怎么能成"中国通"呢？

（4）他一个人＿＿＿＿＿＿换了八千块钱。

（5）我是学完了这本书以后＿＿＿＿＿＿知道这种语法的。

10 用所给词语造句。
Make sentences with the words and phrases given.

（1）越来越：＿＿＿＿＿＿＿＿＿＿＿＿＿＿＿＿＿＿＿

（2）才：＿＿＿＿＿＿＿＿＿＿＿＿＿＿＿＿＿＿＿＿＿＿

（3）不见不散：＿＿＿＿＿＿＿＿＿＿＿＿＿＿＿＿＿＿＿

（4）成……了：＿＿＿＿＿＿＿＿＿＿＿＿＿＿＿＿＿＿＿

（5）对……感兴趣：＿＿＿＿＿＿＿＿＿＿＿＿＿＿＿＿＿

11 根据本课"阅读与复述"中的短文内容判断正误。
Decide whether the following statements are true (T) or false (F) according to the passage in "Reading Comprehension and Paraphrasing" of this lesson.

（1）"我"朋友一共请了四个客人吃饭。 （ ）

（2）第一位客人以为他是该走的，所以就走了。 （ ）

（3）饭馆的工作人员非常着急。 （ ）

（4）第二位客人走的时候没有说一句话，是因为他很不高兴。 （ ）

（5）"我"朋友说："可是我说的不是他们啊！"意思是："我说
的是你啊！" （ ）

12 回答下列问题。
Answer the following questions.

（1）你每天吃什么样的菜？你喜欢吃中餐吗？你吃过什么中国菜？

（2）你觉得怎样才能成"中国通"？

（3）你觉得马大为说的"中国化"的那些话对吗？为什么？

13 根据本课课文完成下列短文。
Complete the following passage according to the text of this lesson.

　　林娜、大为和力波来中国已经快一年了，他们不但学习了汉语，而且还认识了很多中国朋友，他们对中国的情况也知道得不少，他们都快要成"中国通"了……

14 写一段短文，介绍一下你学习汉语的情况（不少于250字）。
Write a paragraph to let others know how you study Chinese language (more than 250 characters).

Key to Exercise 8 in Lesson 26：明

中国文化百题
A Kaleidoscope of Chinese Culture

纵横古今,中华文明历历在目　享誉中外,东方魅力层层绽放
Unfold the splendid and fascinating Chinese civilization

了解中国的窗口
A window to China

- 大量翔实的高清影视资料，展现中国文化的魅力。既是全面了解中国文化的影视精品，又是汉语教学的文化视听精品教材。

- 涵盖了中国最典型的200个文化点，包括中国的名胜古迹、中国各地、中国的地下宝藏、中国的名山大川、中国的民族、中国的美食、中国的节日、中国的传统美德、中国人的生活、儒家、佛教与道教、中国的风俗、中国的历史、中医中药、中国的文明与艺术、中国的著作、中国的人物、中国的故事等18个方面。

- 简洁易懂的语言，展示了每个文化点的精髓。

- 共四辑，每辑50个文化点，每个文化点3分钟。有四种字幕解说，可灵活选择使用。已出版英语、德语、韩语、日语、俄语五个注释文种，其他文种将陆续出版。

目　录　Contents

第一辑 Album 1

中国各地之一
Places in China I

第1盘 DVD 1
- 中国概况　■ 北京　■ 上海　■ 天津　■ 重庆
- 山东省　■ 新疆维吾尔自治区　■ 西藏自治区
- 香港特别行政区　■ 澳门特别行政区

中国名胜古迹之一
Scenic Spots and Historical Sites in China I

第2盘 DVD 2
- 长城　■ 颐和园　■ 避暑山庄　■ 明十三陵　■ 少林寺
- 苏州古典园林　■ 山西平遥古城　■ 丽江古城　■ 桂林漓江
- 河姆渡遗址

第3盘 DVD 3
- 黄河　■ 泰山　■ 故宫　■ 周口店北京猿人遗址　■ 长江
- 龙门石窟　■ 黄山　■ 九寨沟　■ 张家界　■ 庐山

第4盘 DVD 4
- 秦始皇兵马俑　■ 马王堆汉墓　■ 殷墟
- 殷墟的墓葬　■ 殷墟的甲骨文　■ 曾侯乙编钟
- 法门寺地宫　■ 三星堆遗址　■ 古蜀金沙　■ 马踏飞燕

中国文明与艺术之一
Chinese Civilization and Art I

第5盘 DVD 5
- 书法艺术　■ 中国画　■ 年画　■ 剪纸
- 中国丝绸　■ 刺绣　■ 旗袍　■ 瓷器
- 中医的理论基础——阴阳五行　■ 针灸

英文版第一、二、三辑已经出版，第四辑将于2011年出版。

The first three albums of the English edition have been published. The fourth album will be published in 2011.

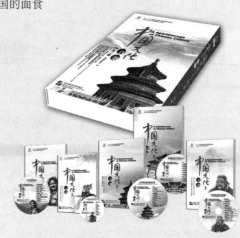
每辑：5张DVD＋5册图书＋精美书签50枚
定价：￥980.00／辑
Each album: 5 DVDs + 5 books + 50 beautiful bookmarks
Price: ￥980.00/album

Embark on your Chinese learning from the website of Beijing Language and Culture University Press

北京语言大学出版社网站：www.blcup.com

从这里开始······

International online orders
TEL: +86-10-82303668
+86-10-82303080
Email: service@blcup.net

这里是对外汉语精品教材的展示平台

汇集2000余种对外汉语教材，检索便捷，每本教材有目录、简介、样课等详尽信息。

It showcases BLCUP's superb textbooks of TCFL (Teaching Chinese as a Foreign Language)

It has a collection of more than 2,000 titles of BLCUP's TCFL textbooks, which are easy to be searched, with details such as table of contents, brief introduction and sample lessons for each textbook.

这里是覆盖全球的电子商务平台

在任何地点，均可通过VISA/MASTER卡在线购买。

It provides an e-commerce platform which covers the whole world.

Online purchase with VISA/MASTER Card can be made in every part of the world.

这里是数字出版的体验平台

只需在线支付，即刻就可获取质高价优的全新电子图书。

It provides digital publication service.

A top-grade and reasonably-priced brand new e-book can be obtained as soon as you pay for it online.

这里是对外汉语教学/学习资源的服务平台

提供测试题、知识讲解、阅读短文、教案、课件、教学示范、教材配套资料等各类文字、音视频资源。

It provides a services platform for Chinese language learning for foreigners.

All kinds of written and audio-visual teaching resources are available, including tests, explanations on language points, reading passages, teaching plans, courseware, teaching demo and other supplementary teaching materials etc.

这里是沟通交流的互动平台

汉语教学与学习论坛，使每个参与者都能共享海量信息与资源。

It provides a platform for communication.

This platform for Chinese teaching and learning makes it possible for every participant to share our abundant data and resources.